Michel GE

La Libération
d'Annecy
et
de la Haute-Savoie

*Les Savoisiennes*

La Fontaine
de Siloé

 Ce logo a pour objet d'alerter le lecteur sur la menace que représente pour l'avenir de l'écrit, tout particulièrement dans le domaine universitaire, le développement massif du « photocopillage ». Cette pratique qui s'est généralisée, notamment dans les établissements d'enseignement, provoque une baisse brutale des achats de livres, au point que la possibilité même pour les auteurs de créer des œuvres nouvelles et de les faire éditer correctement est aujourd'hui menacée. Nous rappelons donc que la reproduction et la vente sans autorisation, ainsi que le recel, sont passibles de poursuites. Les demandes d'autorisation de photocopier doivent être adressées à l'éditeur ou au Centre français d'exploitation du droit de copie, 3, rue Hautefeuille, 75006 Paris. Téléphone 01 43 26 95 35.

ISBN : 2-84206-263-9
© La Fontaine de Siloé, 2004
Le couvent des Dominicains
Vieille-Rue
73801 Montmélian cedex
Tél. 04 79 84 27 24 – Fax 04 79 84 21 86

# Préface

*Un examen impartial des faits permet de constater que la Haute-Savoie, une des dernières venues à la communauté nationale, mais non moins attachée à la France, fut libérée par l'action exclusive des F.F.I. Un journal étranger,* La Tribune de Genève, *s'est d'ailleurs plu à le reconnaître dans son numéro du 31 août 1944 :*

*« En Haute-Savoie, les Français n'ont dû leur libération qu'à eux-mêmes ; ils sont restés seuls avec leurs morts devant le pays saccagé. De cette jeunesse française dont l'âge varie entre dix-huit et trente ans, la Haute-Savoie nous offre une image en raccourci mais singulièrement vivante. L'armée de cette résistance est née de groupes d'intellectuels, d'officiers de carrière et d'anciens combattants de l'autre guerre... Les enrôlements massifs ne commencèrent qu'après les incessantes déportations de main-d'œuvre. Ainsi naquirent les maquis de l'A.S. ou Armée Secrète, les F.T.P. ou Francs-Tireurs et partisans. »*

*Les conditions particulières de cette libération n'ont pas manqué en effet d'entraîner de sérieuses répercussions et sur le moral des troupes ennemies qui s'en est trouvé diminué et sur le moral des maquis des régions non encore libérées qui s'en est trouvé, au contraire, fortifié.*

*Sur le plan politique, il convient de noter que le mouvement insurrectionnel ne s'est jamais fixé d'autres tâches que la restauration de la légalité républicaine. La mise hors de combat des Allemands et l'arrestation de toutes les autorités qui avaient collaboré activement avec l'occupant ont bien créé une sorte de vacance de pouvoir, vacance qu'il fallait combler le plus rapidement possible, la vie du pays devant se poursuivre dans tous les domaines. Les nouvelles autorités politiques qui furent mises en place immédiatement furent choisies par moi au sein de la Résistance, mais sur propositions des Comités locaux de Libération...*

*(En ce qui concerne la nomination du préfet), Yves Farge, alors commissaire de la République à Lyon, se rangea à notre manière de voir et procéda à la désignation le 6 septembre de Irénée Revillard comme préfet, qui s'entoura*

par la suite de Jean Massendès comme secrétaire général et Henri Baud comme chef de cabinet.

Sur le plan purement administratif, la Résistance disposait en son sein d'un nombre suffisant de techniciens de tous ordres afin de pourvoir sans délai aux affectations et aux nominations qui s'imposaient. En plus de leur compétence professionnelle indéniable, ils insufflaient un esprit nouveau qui nous permit de faire face à la grave conjoncture de l'époque. Qui pouvait alors prévoir la durée de notre isolement et ses répercussions dans tous les secteurs de la vie publique, qu'il s'agisse du ravitaillement, de la monnaie, de la main-d'œuvre, des transports, etc., en bref dans toute l'activité financière, économique et sociale ?

Les nouvelles autorités n'étaient d'ailleurs pas coupées de la population grâce aux Comités de Libération, représentatifs de l'ensemble de la population et qui ont assumé une responsabilité écrasante dans tous les domaines administratifs et économiques.

Il n'y eut pas, en Haute-Savoie tout au moins, d'épreuve de force entre communistes et gaullistes. On nota seulement un certain flottement dans la ligne politique des dirigeants des F.T.P. Par ailleurs, on n'assista pas d'autre part à la constitution d'un front anticommuniste. Notre seul souci était de rester unis en face des Alliés qui ne nous accordaient toujours pas l'audience à laquelle nous pouvions logiquement prétendre. Je n'en veux pour témoin que la visite qui me fut faite en septembre 1944 par un colonel américain me réclamant, au nom de son état-major, l'inventaire complet de toutes nos ressources. J'avais alors opposé une fin de non-recevoir catégorique à ces prétentions que j'avais jugées exorbitantes. À cette occasion, Niveau joua un rôle de conciliateur vis-à-vis de son compatriote américain, qu'il convient de ne pas passer sous silence.

Sur le plan de la justice, peut-on nous reprocher d'avoir instauré une procédure accélérée devant une Cour martiale ? Il était nécessaire d'aller vite si on voulait éviter des réactions violentes et désordonnées de la part d'une population ayant particulièrement souffert pendant plusieurs années. Les droits de la défense furent toujours respectés et l'exercice du droit de grâce fut remis en vigueur dès le rétablissement des relations normales avec le gouvernement de Paris…

[…]

Puisse cette modeste contribution à l'Histoire de la Résistance de la Haute-Savoie éclairer d'un jour nouveau la tragédie qu'a vécue notre pays pendant l'Occupation et à la Libération, et perpétuer le souvenir de ces jours à la fois terribles et magnifiques.

*[…] John Eric Hobsbawm, dans son livre* L'âge des extrêmes – Histoire du court vingtième siècle, *a écrit : « De nos jours, la plupart des jeunes grandissent dans une sorte de présent permanent sans aucun lien avec le passé »… Faisons appel à la population, et en particulier aux jeunes, pour assister en grand nombre au soixantième anniversaire et à cette cérémonie du 22 août 2004, et que les Anciens et rares survivants témoignent aussi de ce que fut la réalité de la Résistance en Haute-Savoie puisqu'elle a participé de façon exceptionnelle à la libération de ce département.*

Georges GUIDOLLET-OSTIER,
*Président du Comité départemental de Libération de la Haute-Savoie.*

# Avant-dire

Annecy, 20 août 1944

Un beau dimanche ensoleillé et chaud, plein d'amour, de liesse et de joie immense. Ce dimanche-là, toute la ville est dans la rue. Tout Annecy est en fête. C'est que, la veille, les maquisards ont fait capituler les Allemands. Ces troupes d'occupation que l'on voyait en ville et dans tout le département depuis le 8 septembre dernier sont au tapis. On les voyait depuis longtemps, depuis trop longtemps : reddition sans condition ! Inimaginable il y a encore quelques semaines. Les filles ont sorti les robes à fleurs. On chante, on boit, on se congratule, on se raconte… Certains s'improvisent maquisards, d'autres affabulent, les drapeaux tricolores sont aux fenêtres et aux balcons. Peu importe qu'ils sentent la naphtaline. C'est que quatre ans, c'est long : quatre années d'angoisses, de peur, de méfiance et d'incertitudes, de peines et de combats. Aujourd'hui, c'est la fête parce que le cauchemar est fini.

Mais pour en arriver là, que de sacrifices, que de tourments, de drames, de volonté et d'abnégation, que de courage et de chance pour toutes celles et tous ceux qui depuis tant de mois ont tout sacrifié à la libération de leur pays : ceux de la Résistance !

Aujourd'hui, 19 août 2004

Il y a soixante ans… On se souvient. Parce qu'il faut bien se souvenir pour eux, pour nos morts, pour ceux qui ont donné leur vie pour que nous puissions vivre libres. On se souvient parce que cela fait du bien. Cela réchauffe le cœur des Anciens… Ceux qui y étaient. Cela fait du bien parce qu'alors la Nation se soude et les générations se rencontrent.

On se souvient parce que cela est nécessaire, voire vital pour notre Démocratie. Une Nation qui n'a pas de mémoire est une Nation qui n'a pas d'âme et qui est condamnée à disparaître.

Nous sommes nombreux à avoir, quelque part au fond de nous-mêmes, fait le serment de ne jamais laisser s'éteindre la Flamme de notre mémoire, comme nos glorieux Anciens n'ont pas laissé éteindre la Flamme de la Résistance. Résistance, mot toujours d'actualité – et ce petit ouvrage n'est qu'une pierre de plus au mur élevé contre l'indifférence et l'oubli.

En plus, pour moi qui suis natif d'Annecy et y vis depuis la fin de la guerre, c'est à la fois un grand honneur et une grande souffrance de vous parler de la Libération de ma ville. Je n'étais pas né et pourtant, encore aujourd'hui, je ressens ces temps difficiles à chaque coin de rue, sur chaque place ou placette.

Chaque fois que je regarde ma ville dans les yeux, je la vois pleurer. Mes jeunes parents ont failli être raflés à plusieurs reprises et ils ont toujours eu beaucoup de chance. Mais combien ne sont plus là pour nous dire ? Combien auraient tant aimé en voir le bout ? Nous qui sommes là au début de ce troisième millénaire, dans un monde horriblement secoué par la violence mais plein d'espérances, nous devons rester vigilants.

Chaque fois que je regarde ma ville dans les yeux, j'y vois un message de paix et d'amour, et plein de raisons d'espérer pour demain et les jeunes générations, et au fond je me dis que j'ai beaucoup de chance d'habiter à Annecy. Je me dis aussi que ce qu'on lui fit subir voilà soixante ans était injuste, et pour marcher de l'avant, il est nécessaire de ne point oublier.

# Un peu d'histoire d'avant...

La libération d'Annecy ne peut se comprendre sans une présentation, même rapide, de ce qui s'est passé avant.

Notre département, grâce à la volonté d'une compagnie de réservistes du 179ᵉ B.A.F qui gardent farouchement Fort-l'Écluse, ne sera pas occupé par l'armée allemande au moment de l'entrée en vigueur de l'armistice, le mardi 25 juin 1940. La Wehrmacht venue en force n'a pu atteindre Saint-Gingolph et fermer la frontière avec la Suisse, comme l'avait exigé et décidé l'*Oberkommando* de la Wehrmacht, à Berlin. C'est incontestablement une chance pour la Haute-Savoie. Nous sommes en « zone libre », libre de la présence d'ennemis ; enfin presque, car il y a bien la commission italienne d'armistice qui siège à l'hôtel d'Angleterre, rue Royale à Annecy, et des policiers allemands en civil qui « espionnent » très discrètement dans la région annemassienne.

Les Savoyards sont maréchalistes comme la majorité des Français de 1940. Non seulement le maréchal Pétain a mis un terme à la débâcle et à l'exode, non seulement il n'a pas usurpé le pouvoir, non seulement l'Église est de son côté car il apparaît comme un rempart contre le bolchevisme venu de Moscou qui, pense-t-on, menace le pays, mais en plus Pétain c'est la France, et les Savoyards veulent rester Français. Ils s'insurgent contre les « *Savoia nostra* » ou « *A noi Savoia* » lancés par certains Italiens dans les rues d'Annecy et d'ailleurs. Ils distribuent un trac ainsi libellé : « *Savoyards d'abord, Français toujours, Italiens jamais !* » Les Savoyards sont maréchalistes et ils adhèrent en masse à la Légion des Combattants créée en août 1940 et confiée à un personnage bien pâle, Antonin Vergain : 25 000 légionnaires et Amis de la Légion pour une population de 250 000 habitants environ.

Durant cette longue période qui court jusqu'en novembre 1942, le régime de Vichy se met en place : « Travail, Famille, Patrie ». Un régime paternaliste qui allie flatteries aux Français, culte de la personnalité, propagande et endoctrinement permanents, enrôlement de la jeunesse, mais aussi un régime liberticide qui porte atteinte à certaines traditions, qui élimine des droits syndicaux et politiques. Retour aux « vraies valeurs fondamentales » ancrées profondément dans notre terre. On fait appel aux gloires de notre Histoire, comme Jeanne d'Arc. N'a-t-elle pas bouté les Anglais hors de France, et c'est à la mode après Mers el-Kébir ?

Les associations, les organismes divers, les chefs d'entreprises envoient des messages d'allégeance au chef de l'État, et les enfants des écoles apprennent *Maréchal, nous voilà*, qu'ils chantent en culotte courte ou en jupe plissée bleue au pied du mât dressé dans la cour de l'école, réplique du mât de la Légion où une fois par semaine on monte les couleurs nationales. On fête la Saint-Philippe, on crée la fête des Mères : la Révolution nationale est en marche. L'État français exige des Français qu'ils se taisent et qu'ils obéissent.

Les Savoyards sont maréchalistes mais pas collaborateurs. Et l'entrevue de Montoire en octobre 1940 marque un premier retrait des populations vis-à-vis du régime de Vichy. On refuse globalement, voire massivement, la « Kollaboration ». Déjà les communistes clandestins s'organisent et les chasseurs du 27e bataillon, bataillon cantonné dans la ville d'Annecy, cachent des armes en vue de la reprise des combats qu'ils souhaitent ardemment derrière leur chef, le commandant Jean Vallette d'Osia.

Les filières se mettent en place pour franchir les barbelés suisses : réfugiés d'Alsace et de Lorraine, de la zone nord occupée, de pays vaincus comme la Pologne, prisonniers de guerre évadés des stalags et des offlags allemands parvenus en Suisse, premiers réfugiés juifs, étrangers surtout, espions de l'Axe, agents alliés de renseignements, radios repérés en France et qui tentent de regagner Londres, agents de liaison du B.C.R.A. ou du S.O.E., pilotes « descendus » par la D.C.A. allemande en zone nord ou sur l'Allemagne… ils sont nombreux à franchir, de nuit le plus souvent, les barbelés, ou à traverser en barque le Léman, ou à peiner dans les montagnes du Chablais et du massif du Mont-Blanc. Il vaut mieux ne pas se faire prendre, car le plus souvent les autorités helvétiques refoulent. Et parfois, elles internent !

La Légion des Combattants crée dès l'automne 1940 un certain nombre d'organismes sociaux : distribution de vivres aux plus nécessiteux, et, ici, le « Colis du prisonnier ». On collecte des vivres mais aussi des vêtements pour les Haut-Savoyards prisonniers derrière les barbelés des stalags (ici en mars 1941). (A.D.H.S.)

Si, en 1941, les Haut-Savoyards accueillent dans l'enthousiasme le maréchal Pétain qui visite Annecy le 21 septembre en compagnie de l'amiral Darlan, ils s'éloignent de plus en plus du régime, surtout que ce dernier vient de créer une nouvelle force de répression : le Service d'ordre de la Légion, le S.O.L., confié en Haute-Savoie à un réfugié alsacien, Gaston Jacquemin.

En mai 1942 se produit une première grande déchirure entre les Haut-Savoyards et le gouvernement de Vichy, dirigé par Pierre Laval et le maréchal Pétain. À la suite du « défilé » de certains opposants au régime, dont François de Menthon et Charles Bosson, devant la mairie annécienne à l'appel des syndicats qui veulent protester contre la suppression de la fête du 1er Mai, le S.O.L. met sur pied un traquenard pour piéger le comte François de Menthon. Il faut dire que monsieur le comte, c'est quelqu'un.

En 1939, alors qu'il est père d'une famille très nombreuse, qu'il est trop âgé, il s'engage pour se battre. Fait prisonnier, il s'évade et, de retour

La Légion des Combattants, constituée essentiellement par des anciens combattants de la Grande Guerre, organise des collectes de vivres et de vêtements pour les prisonniers. Ici, les responsables du bureau annécien posent devant les colis de Noël rassemblés pour leur premier envoi en 1941. (A.D.H.S.)

sur les rives du lac, il « publie » en novembre 1940 un journal clandestin intitulé *Liberté*. Dès lors, élu municipal annécien, il milite pour la Résistance au plus haut niveau, donc il dérange ces messieurs de la collaboration. Ce 2 mai 1942, il est ceinturé par quelques jeunes du S.O.L. sous l'œil goguenard de leur chef Jacquemin et précipité dans une fontaine, alors érigée devant la mairie. On prend même une photographie. Petite cause, grands effets. D'autant plus que, dans la nuit, des « malfrats », comme l'écrit l'honorable journal collaborateur *Le Petit Dauphinois*, ont scié l'arbre du Maréchal et qu'ils ont en plus renversé un pot de minium sur la statue de saint François de Sales, place au Bois. Faut dire que les S.O.L. avaient accaparé le saint homme, certainement sans lui demander son avis, pour en faire leur saint patron. Toute la ville de la collaboration est sens dessus dessous et l'on organise des « cérémonies réparatrices ». Les Annéciens regardent cela avec un air détaché, et, surtout, la « baignade » de monsieur le comte indigne. Deux syndicalistes connus, Paul Viret et François Isard, font chauffer la ronéo et distribuent tracts sur tracts. La B.B.C. même est informée ; l'affaire de Menthon prend de l'ampleur, jusque devant un juge d'instruction de Vichy, une plainte contre Jacquemin ayant été déposée. C'est Joseph Darnand en personne, de retour de Berlin, qui met officiellement un terme aux poursuites et à cette affaire. Mais la population haut-savoyarde a un peu plus basculé vers la Résistance, comme dans les vallées des Bornes par exemple.

Quant à la Relève, lancée en juin 1942 par Pierre Laval, qui dans la foulée « souhaite la victoire de l'Allemagne », elle est, ici, un échec. Des hommes comme Pierre Lamy (qui sera sauvagement torturé et abattu par la Gestapo en 1944) et Paul Viret vont tout faire pour que ce soit un échec. Ils sont aidés par des prisonniers évadés d'Allemagne, regroupés au sein du M.R.E.F., le Mouvement de Résistance des Évadés de France, qui tiennent des réunions clandestines pour informer la jeunesse et lui dire de ne pas partir, ainsi que par les syndicalistes, comme on le voit à Cluses lors d'une spectaculaire manifestation.

Avec les beaux jours de l'été 1942, Vichy se déchaîne contre les Juifs étrangers. Ils sont raflés dans toute la France par les forces françaises du

Au printemps 1942, le gouvernement de Vichy autorise l'ouverture d'un bureau de placement allemand, rue du Lac à Annecy. Il s'agit de donner la possibilité aux volontaires d'y découvrir les offres d'emploi outre-Rhin. (A.D.H.S.)

Maintien de l'ordre, et, en Haute-Savoie, les cent vingt-six personnes parquées dans le camp de Savigny, rejointes par une quarantaine d'autres raflées dans tout le département, prennent le chemin de la Pologne et des chambres à gaz. Ce sont au total cent soixante-quatre étrangers raflés en Haute-Savoie qui sont expédiés sur Drancy puis Auschwitz. Les populations d'ici ont bien peu bougé.

Et puis, en novembre 1942 les Alliés débarquent en Afrique du Nord. Hitler, furieux, donne l'ordre à son armée d'envahir la « zone libre ». Si les panzers bousculent les barbelés de la ligne de démarcation, ce sont les troupes italiennes qui envahissent, à petits pas, la zone frontalière, du Léman à Nice.

Fin novembre, les premiers *bersaglieri* et *alpini* de la IV$^e$ armée arrivent à Annecy et prennent possession du quartier de Galbert. En réalité, alors qu'ils occupent déjà la caserne, les anciens du 27$^e$ B.C.A., bataillon d'armistice démobilisé, continuent d'évacuer du matériel, des cuirs, des matelas et autres couvertures après avoir fait disparaître un maximum d'armes et de munitions, comme lors de cette expédition à la grotte de l'Adiau, dans le massif du Parmelan.

Cette fois la Haute-Savoie est occupée. Mais occupée par nos amis italiens. Rappelons que depuis plus de cinquante ans des émigrés italiens sont venus s'installer de ce côté des Alpes et que des familles vivent ainsi coupées de part et d'autre de la frontière. La situation n'est pas toujours facile. Notamment il n'est pas toujours aisé de séparer le bon grain de l'ivraie.

En effet, après le flot des réfugiés économiques (1918-1922), les départements alpins ont vu arriver le flot des réfugiés politiques fuyant le fascisme – de nombreux Italiens participeront à la Résistance, certains seront même déportés, et la communauté italienne aura ses « morts pour la France » –, mais dans ce flot le régime mussolinien a glissé de purs fascistes qui sont déjà apparus au grand jour en 1940 et qui maintenant, avec l'arrivée de leurs troupes, prennent de l'importance.

La chance de la Haute-Savoie est d'être occupée par un millier de « *piume al capello* » relativement peu belliqueux et commandés par le gendre du maréchal Badoglio, antifasciste notoire, le lieutenant-colonel Adami.

Celui-ci mène une politique d'occupation classique : maintien de l'ordre et réquisitions à outrance. Il ne s'occupe pas des problèmes que la Résistance pose à Vichy. On le voit même en avril 1943 faire, par la force, relâcher des Juifs que les gendarmes français avaient arrêtés.

À Annecy, dans le faubourg de la gare, se trouve une importante usine de roulements à billes, la S.R.O. (Schmidt Roost Oerlikon). Usine devenue vitale pour l'industrie nazie depuis que celle Schweinfurt en Allemagne est l'objet de soins attentifs des bombardiers alliés, et puisque l'usine S.K.F. de Suède – territoire neutre – n'est pas aux ordres du Führer. Les nazis envoient à Annecy deux ingénieurs, messieurs Kleinheinst et Messerschmidt, avec comme mission la production de 400 000 roulements destinés aux tractions des panzers. Dès lors la Résistance annécienne va tout faire pour empêcher cette production.

Le 11 décembre 1942, l'aviation américaine bombarde le site de 3 000 mètres d'altitude. Catastrophe : une grande partie des bombes tombe dans le quartier de la Prairie, faisant onze victimes civiles, dont s'empare la propagande de Vichy. Il est vrai que l'on a même retrouvé des bombes intactes dans le cimetière de Loverchy, à plus d'un kilomètre de l'usine. Il faut donc saboter les machines au sol. C'est le rôle des résistants annéciens.

Avec les premières semaines de l'année 1943, la Résistance prend de plus en plus d'importance. Deux lois de Vichy expliquent cette évolution.

D'abord la loi du 31 janvier 1943 qui crée la Milice française. Si la Légion des Combattants avait été la tentative par Laval de doter le régime d'un support politique populaire pour faire avancer la Révolution nationale, la Milice a un autre objectif. Il s'agit de créer une force politico-policière, une véritable police politique au service du régime.

En Haute-Savoie, elle est confiée à Gaston Jacquemin, qui ne pourra jamais recruter plus de 120 francs-gardes, soit dix pour cent des promesses faites à son patron Joseph Darnand. La Milice s'installe dans une magnifique villa du quartier des Marquisats mise à sa disposition par un gros industriel local. Et dès lors « les Marquisats » sont, à Annecy, synonymes de prison, torture et violences. Dans le département, d'autres lieux miliciens sont restés de sinistre mémoire : Annemasse, mais surtout l'école hôtelière dite du Savoie-Léman à Thonon et la Grange Allard, sur la commune d'Allinges, à proximité.

Ensuite, il y a la loi du 16 février 1943 créant le S.T.O., le Service du travail obligatoire, travail qui doit s'effectuer dans la très grande majorité des cas en Allemagne, même si certaines rares personnes peuvent être réquisitionnées sur place dans le cadre de l'organisation Todt.

Cette loi du S.T.O., qui concerne les jeunes des classes 41, 42 et 43, va forcer une grande partie de la jeunesse de France à se déterminer. Soit les jeunes concernés partent travailler en Allemagne – en Haute-Savoie, ils

Annecy sous l'occupation allemande. Ici, sous les feux « tricolores », place du Théâtre, les panneaux de direction en langue allemande. (A.D.H.S.)

seront extrêmement peu nombreux et souvent ils sont partis de force après leur arrestation par les gendarmes –, soit ils refusent de partir et ils deviennent alors des réfractaires au S.T.O., c'est-à-dire des hors-la-loi, des gens sans papiers susceptibles d'être arrêtés à tout moment.

Le fait que notre département soit un département montagneux et rural entraîne l'afflux important de ces jeunes, parfois grâce à des filières, parfois seuls et un peu perdus. C'est tout à l'honneur des militants d'organisations diverses comme les communistes clandestins, les membres des mouvements de jeunesses catholiques (J.A.C., J.O.C ou J.E.C.) et surtout des paysans de chez nous, de les avoir accueillis. Hors-la-loi, ils n'ont ni carte d'alimentation, ni autorisation de circuler, ni tickets d'alimentation, pas plus que de « points textile »… Il faut donc que les populations prennent sur elles et que la Résistance « vole » des cartes ou du ravitaillement,

Le 11 novembre 1942, les Alliés bombardent pour la première fois l'usine de la S.R.O. (Schmidt Roost Oerlikon) d'Annecy, où l'on fabrique des roulements à billes. L'usine allemande de Schweinfurt est sans cesse bombardée, l'usine S.K.F. est en Suède, pays neutre, et donc pour les nazis l'usine d'Annecy est capitale. Ils y envoient deux ingénieurs, Kleinheinz et Messerschmidt, chargés d'assurer la production des roulements nécessaires aux panzers.

Ce premier bombardement fait des victimes civiles : 5 morts et 10 blessés. Les cercueils des victimes sont amenés devant la mairie pour un dernier hommage en passant ici par la Grenette. (Coll. M. Germain.)

le plus souvent avec la « bénédiction » des volés. À partir de mars et durant toute l'occupation italienne se constituent de nombreux camps de réfractaires, et la Haute-Savoie commence à recevoir ses premiers parachutages d'armes. En effet, les membres des Francs-Tireurs et Partisans de France ainsi que ceux de l'Armée Secrète prennent en main ces jeunes réfractaires et réussissent à en faire des maquisards combattants, et les armées tombées du ciel sont les très bienvenues.

On peut dire qu'avec ces deux lois de Vichy et la présence des troupes italiennes sur leur sol, les Haut-Savoyards sont en 1943, dans leur très grande majorité, de près ou de loin du côté de la Résistance. Beaucoup font de la résistance sans le savoir. En tout cas, ils sont nombreux à faire ce que leur conscience leur dicte, sans se poser de questions et sans chercher à être des héros.

L'armée d'occupation reçoit parfois l'ordre d'attaquer ces camps. Le lieutenant-colonel Adami s'arrange le plus possible pour faire prévenir de son intervention. Cependant, l'état-major italien, depuis Grenoble ou Chambéry, envoie à plusieurs reprises des attaques contre des camps de réfractaires.

La première se situe fin mai, le 28 de ce mois. C'est l'attaque du camp de la montagne des Princes sur la commune de Droisy, entre Seyssel et Clermont. Les jeunes ont 2 blessés et 27 prisonniers.

Après dénonciation d'un ressortissant italien habitant la vallée, le 8 juin 1943, à l'aube, 48 soldats italiens attaquent le camp de réfractaire du désert de Platé. Un combat très inégal s'engage, au cours duquel Auguste Seguin est tué et quatre jeunes grièvement blessés. Les 27 prisonniers, dont le chef du camp Paul Métral, sont emmenés à Albertville.

Cinq jours plus tard, le 13 juin, à quatre heures du matin, des Italiens montés de Chambéry *via* les gorges de l'Arly attaquent un camp de réfractaires à Viry, commune de Megève, faisant 11 prisonniers, remis aux autorités françaises, qui les remettent aux Allemands de Lyon.

Le 17 juin, alors qu'il fait un temps froid et pluvieux, les Italiens attaquent le camp de l'Aulps-Riant-dessus dans le massif des Dents de Lanfon, à quelques kilomètres d'Annecy. Un combat au fusil-mitrailleur s'engage, alors que la neige tombe. Au cours de ces violents combats, Jean Priset et Maurice Coulon sont tués, tandis que les Italiens ont plusieurs blessés dont un officier. La population est surprise de la présence de ce regroupement « aux portes de la ville », mais elle suit en très grand nombre, malgré l'interdiction, le cercueil du jeune Maurice Coulon, lors de sa sépulture.

Le 10 août, l'occupant attaque à la première heure du jour le camp de Montfort au-dessus de Saint-Gervais-les-Bains. Si cinq maquisards sont morts (Maurice Vidalin, Jean Collet, Jean Touzé, André Lorato et Roger Wutrich achevé par des soldats), les Italiens ont perdu deux tués et deux blessés légers. Quarante et un maquisards sont faits prisonniers et dirigés sur l'Italie. Le 14 août, 3 000 personnes suivent le cercueil de Roger Wutrich à Thonon.

Enfin, le 20 août, des troupes italiennes du 20e *alpini*, montées d'Annecy, attaquent le camp des Confins au-dessus de La Clusaz. Au cours des combats, Jacques Marchand et Patrick Verley sont tués, tandis que 21 prisonniers sont amenés à Annecy. La population réagit avec force et hue les « Pioulets » lors de leur retour au village.

Ces attaques italiennes font au total 10 morts, et 62 jeunes sont traduits devant le tribunal militaire de Breil-sur-Roya en compagnie de

La Légion des Combattants, qui rassemble en Haute-Savoie 25 000 membres et amis de la Légion (une des plus fortes de France) fête ici le troisième anniversaire de sa création, le 29 août 1943, sur la place de Verdun où était installé le monument aux combattants. Un G.M.R. surveille depuis le toit du casino. À droite de la photographie, le carré des miliciens de la centaine annécienne. (A.D.H.S.)

l'abbé Camille Folliet, de Jean Ouvrard, d'Étienne Pétrel et de Marie Blandin. Ces 66 détenus sont condamnés, pour le plus grand nombre à dix ans d'emprisonnement à Fossano ou à Cuneo, voire au fort de l'Esseillon. Pour certains, la capitulation de l'Italie entraînera une évasion ou une modification de leur internement. Ajoutons qu'un certain nombre de ces jeunes, ayant réussi à s'évader, continueront le combat dans les rangs des partisans italiens et que certains y donneront leur vie.

Notons encore que durant cette occupation, des Haut-Savoyards continuent à cacher des Juifs, à Megève par exemple où plusieurs centaines d'enfants sont ainsi soustraites aux nazis, mais aussi ailleurs dans le département. Les Juifs ne sont pas inquiétés lors de cette occupation.

Le 30 juillet, la Résistance exécute le chef de la police politique italienne, l'O.V.R.A., le colonel Giovanni Colonna, dans la cave de son magasin annécien. Quinze jours plus tard, le 15 août 1943, un Halifax britannique en panne s'écrase à Cran-Gevrier, près du pont de Tasset. Cinq membres d'équipage sont tués ainsi que six habitants au sol. Le *group captain* Griffiths, indemne, est sauvé par la Résistance, et, trois jours plus tard, plusieurs milliers de personnes suivent les cercueils des aviateurs jusqu'au cimetière de Meythet, malgré les interdictions italiennes.

Et puis le 8 septembre 1943, l'Italie de Mussolini capitule devant les troupes alliées. Hitler donne immédiatement l'ordre à la Wehrmacht d'occuper la zone d'occupation de la IV<sup>e</sup> armée. Ainsi la Haute-Savoie est-elle envahie ce jour-là par les soldats, les douaniers, les Feldgendarmes, les *Schutzpolizei* et les gestapistes allemands. Tous s'installent très vite et la répression qu'ils mènent est virulente et efficace.

Plus de soixante personnes sont arrêtées entre le 8 septembre et le 20 octobre 1943. Toutes sont déportées, et nombre d'entre elles ne sont pas revenues. La frontière avec la Suisse devient quasi hermétique : les réfugiés et les agents ont beaucoup de mal à passer. La Gestapo d'Annemasse, de plus en plus efficace, arrête les passeurs comme Marie Joseph Lançon, François Périllat ou l'abbé Jean Rosay, tous arrêtés le 11 février 1944 et morts en déportation, ou bien encore le révérend père Louis Favre du juvénat de Ville-la-Grand, fusillé à Vieugy. Le chef de l'A.S. Jean Vallette d'Osia, arrêté le 13 septembre, réussit à s'évader du train qui l'emmène à Dijon ou en Allemagne. Il poursuivra le combat à Londres puis à Alger. Plusieurs responsables F.T.P. sont arrêtés, d'autres sont envoyés ailleurs, tandis que la R 1 envoie des remplaçants en Haute-Savoie.

Dans le mois de septembre le B.C.R.A. et le S.O.E. envoient des agents en Haute-Savoie, et l'officier de liaison interallié Jean Rosenthal, alias Cantinier, va jouer un grand rôle dans la Résistance haut-savoyarde.

Celle-ci sabote les pylônes électriques, les lignes téléphoniques internationales, les usines de Chedde, du Giffre, de Cran ou de la S.R.O. Elle commet des attentats de plus en plus nombreux contre les collaborateurs et les miliciens, comme à Cercier, par exemple.

Le 1<sup>er</sup> octobre, le jeune Simon, chef du corps franc qui porte son nom, abat le capitaine de gendarmerie Vallet à Thorens.

Le 11 novembre, date symbolique qui voit des anonymes déposer des gerbes au pied des monuments aux combattants, la *Royal Air Force* bombarde à nouveau, en vain, l'usine des billes à Annecy. Dix jours plus tard, le 21 novembre, le chef départemental de la Milice Gaston Jacquemin et son adjoint Franck sont tués à Thônes par des jeunes maquisards qui voulaient les faire prisonniers pour les échanger. Cette mort du chef milicien entraîne, deux jours plus tard, une vague d'attentats commis à Annecy par la Milice venue de Lyon. Lors de cette « nuit bleue », quatre personnes, dont deux de confession juive, sont tuées et deux résistants sont blessés.

La Gestapo répond le plus favorablement possible aux ordres d'Aloïs Brunner et ramasse un maximum d'enfants d'Israël. Ils sont plusieurs centaines à être interceptés à la frontière ou à être raflés à leur domicile durant l'occupation allemande.

Le 16 novembre, la Gestapo rafle 20 femmes et enfants au centre de regroupement de l'hôtel des Marquisats, ainsi que 6 personnes arrêtées à leur domicile, soit 26 victimes de plus pour les chambres à gaz et les gueules des fours crématoires d'Auschwitz.

Le 7 décembre, la Gestapo installée dans les locaux de l'hôtel Pax, à Annemasse, exécute 5 détenus dans leur cellule, sans plus d'explications. Après quoi la Wehrmacht décide de nettoyer les « nids de terroristes » que sont les camps de réfractaires.

Le 11 décembre, Klaus Barbie tue de sang-froid le boulanger de Gruffy, et ce jour l'armée allemande tue deux résistants.

La première attaque d'envergure se déroule à Bernex le 17 décembre. Ce jour-là, durant les combats, les maquisards F.T.P. ont 5 tués.

Dès le printemps 1943, la création du S.T.O. (16 février 1943) entraîne la formation de camps de réfractaires dans les montagnes haut-savoyardes. Un camp est installé tout près d'Annecy dans le massif des Dents de Lanfon. Il est attaqué et anéanti lors de l'attaque italienne du 17 juin 1943. Plus tard, les maquisards se regrouperont et formeront un nouveau camp entre les Dents de Lanfon et le chalet du Cruet. Photographie prise le 28 août 1943. (Coll. Jean-François.)

Par la suite, les exactions commises par cette armée d'occupation, souvent secondée par les miliciens de Darnand, ont marqué durement les esprits haut-savoyards. Le drame le plus douloureusement ressenti se déroule soir de Noël 1943 dans le paisible village d'Habère-Lullin. Les S.S. et autres nazis, bien guidés par des traîtres, abattent 25 jeunes dans le château avant d'incendier le bâtiment. Plusieurs autres jeunes sont embarqués en Allemagne et 6 mourront en déportation, portant à 31 le nombre des victimes de ce Noël de sang.

Pendant ce temps se déroule également le drame de Saint-Eustache. Des maquisards du corps franc Simon, surpris, tuent trois Allemands en quête de nourriture pour les fêtes de fin d'année dans la haute vallée du Laudon. La répression s'abat sur le village. Ce sont 27 personnes qui sont raflées ; 7 seulement reviendront des camps de la mort.

La Milice et l'occupant allemand se montrent de plus en plus violents. Ils investissent Mont-Saxonnex le 3 janvier, faisant 3 morts. Avec le mois de janvier, alors que les attentats et les sabotages se multiplient, les F.T.P. enlèvent des policiers appelés « canadiennes » à Bonneville et à La Roche-sur-Foron avec l'espoir de les échanger contre des camarades détenus. Devant l'impossibilité de cet échange, les policiers de Vichy sont exécutés. Le ministre Henriot et les Vichyssois se déchaînent dans la presse et sur les ondes.

À l'autre bout du département, c'est le jeune Simon qui tombe sous les balles françaises. Grièvement blessé, hospitalisé, il est opéré en vain. Les hommes du corps franc qui s'apprêtaient à le délivrer tombent sur un convoi allemand à Saint-Martin-Bellevue : violent accrochage au cours duquel 10 maquisards et plusieurs otages sont faits prisonniers. La Wehrmacht fusille le soir même, dans la cour de la caserne de Galbert, les maquisards et 3 otages.

Deux jours plus tard, le hameau de Thuy situé en aval de Thônes est le théâtre d'une vaste opération de ratissage de la part de la Wehrmacht ; bilan : six morts, une quarantaine de maisons et granges incendiées, plusieurs déportés dont on perd la trace.

Le 28 janvier, les nazis sont à Pouilly sur la commune de Saint-Jeoire, à la suite d'un accrochage entre des maquisards et des soldats à un barrage routier. Dans la nuit froide, les nazis, toujours bien guidés par un traître, exécutent plusieurs habitants tandis que certains résistants se battent avec courage ; bilan : 11 morts et de nombreuses maisons incendiées.

Le 31 janvier, la Haute-Savoie est mise en état de siège par Vichy : autre particularité de ce département. Berlin a en effet donné au gouvernement de Laval jusqu'au 12 mars pour régler le problème du terrorisme dans certaines régions montagneuses françaises et en tout premier lieu la Haute-Savoie. C'est pour répondre à cette demande pressante dans le cadre de la « Kollaboration » que le chef du gouvernement envoie à Annecy le colonel de gendarmerie Georges Lelong. En lui donnant tous les hommes et le matériel qu'il demande – ou presque – ainsi que les pleins pouvoirs, Pierre Laval et Joseph Darnand lui donnent pour mission de réduire rapidement « ce nid de terrorisme » qu'est devenu le département. Lelong fait placarder une affiche instaurant la loi martiale avec toutes les restrictions et les sanctions que cela implique.

Dès lors les rafles organisées par la Garde mobile, les groupes mobiles de réserve (les G.M.R.), la Milice française, la Gendarmerie et la Police se multiplient grandement. On peut estimer qu'au plus fort de la crise, les effectifs des forces du Maintien de l'ordre avoisinent les 2 000 hommes.

C'est dans cette « ambiance » que des maquisards montent sur le plateau des Glières ce même 31 janvier 1944. On ne narrera pas ici ce que fut cette première bataille au grand jour de la Résistance française contre l'occupant et ses servants dociles français. On renvoie le lecteur à l'ouvrage *Glières, mars 1944*.

Quelques temps forts cependant : 12 février, accrochage à l'Essert entre Français ; 14 février, premier parachutage sur le Plateau ; 9 mars : mort de Tom Morel et Géo Decours ; le lendemain, second parachutage sur Glières ; et le 12, premiers bombardements aériens ; 18 mars, Maurice Anjot prend le commandement du bataillon des Glières, fort de près de 450 hommes.

Le dimanche 26 mars, la 157$^e$ division alpine allemande, arrivée sur place depuis quatre jours, attaque à Monthièvret. À la nuit, l'ennemi, qui n'a pas pu passer, redescend dans la vallée. Les jeunes maquisards, peu expérimentés, ont tenu le choc, mais le Plateau n'est plus tenable. Il est inutile de faire tuer toute cette jeunesse dont la Résistance a bien besoin et le capitaine Anjot donne, le soir à vingt-deux heures, l'ordre de décrochage. Au cours de celui-ci, plusieurs maquisards sont arrêtés soit par les Allemands et fusillés pour la très grande majorité, soit par la Milice qui les remet aux Allemands pour déportation en Allemagne quand elle ne les exécute pas avec barbarie. Cent vingt-neuf soldats de l'ombre sont morts pour la Liberté. Beaucoup aujourd'hui reposent dans la nécropole de Morette, née de la volonté du maire de Thônes contre la décision de la soldatesque. Vingt « civils » ravitailleurs sont fusillés dans le jour naissant, et au total ce sont donc 149 victimes que l'on dénombre.

Le bateau *France*, navire amiral de la Compagnie des bateaux à vapeur lancé au début du siècle, va servir de prison provisoire lors de la grande rafle organisée par la Milice française le 13 mars 1944. Près d'une centaine de personnes y seront gardées plusieurs jours, le temps que l'on statue sur leur sort. Une plaque du souvenir avait été apposée sur ce bateau, mais ce dernier a sombré en 1970. Des plongeurs ont récupéré cette plaque, présentée aujourd'hui au Mémorial de la Déportation à Morette. Cette rafle a fait 8 victimes décédées en déportation. (Coll. M. Germain.)

Mais Glières n'est pas toute la Résistance haut-savoyarde. En effet, durant ces cinquante-cinq jours passés dans la neige, le froid et la bise à 1 500 mètres d'altitude, d'autres événements ont lieu « en bas ».

Le 5 février, les Français raflent à Thônes, tuent un jeune maquisard et embarquent de nombreux citadins – trois mourront en déportation. Du 10 au 13 février, à Seyssel, la Gestapo de Lyon menée par Klaus Barbie exécute cinq hommes, arrête de nombreuses personnes tant dans la ville que dans les environs. Déportées, certaines ne reviendront pas, et le souvenir de la famille Borcier est encore bien vivant sur les rives du Rhône.

Le 20 février, la Milice investit Féternes, village près de Thonon. Un jeune maquisard est tué et une trentaine de citoyens sont emmenés au *Pax*. Maurice Flandin, chef de compagnie F.T.P., meurt sous la torture. D'autres seront déportés ou fusillés. Ce même jour, là-haut à Glières, on prête serment de « vivre libre ou mourir ». Le 21 février, la cour martiale de Vichy se tient pour la première fois à Annecy. Elle condamne à mort et fait fusiller huit patriotes. Le lendemain, dans le Chablais, les forces du

Maintien de l'ordre attaquent un chalet où se reposent douze résistants. Le combat dure de la fin de la nuit jusqu'à la nuit suivante. Six maquisards meurent à leur poste de combat, un prisonnier sera exécuté à Thonon et cinq autres reprendront ailleurs le combat pour la liberté. Et ce combat de Foges reste comme un drame et un espoir au cœur des Savoyards. Mais déjà les sbires de Darnand assassinent dans leur antre du *Savoie-Léman*. La cour martiale, en séance à Thonon, condamne à mort et fait fusiller immédiatement six patriotes : une nouvelle plaque du souvenir et du respect…

Mais cette violence de la Milice qui se déchaîne sur nos compatriotes n'arrête pas l'ardeur des résistants. Et même si les enfants, « torturés » par les restrictions, posent sans cesse la même question : « Dis, maman qu'est-ce qu'on mange ? », la vie continue. Renseignement, boîtes aux lettres, liaisons, surveillance du téléphone, du télégraphe, noyautage des administrations publiques, faux papiers, tracts, distribution des journaux clandestins, réunions clandestines des membres des mouvements politiques réunis au sein des M.U.R ou du C.D.L., continuent avec un sang-froid qui n'a d'égal que la détermination des patriotes, bien décidés à faire en sorte que la Haute-Savoie se libère. Mais il reste encore de nombreuses épreuves.

Le 13 mars, la Milice fait une énième rafle en arrêtant près d'une centaine de personnes à Annecy. Cette rafle annécienne vient s'ajouter à celles organisées par les Allemands en décembre 1943 et dont bon nombre d'Anciens se souviennent.

Les détenus sont parqués sur le bateau *France*, puis envoyés aux Vieilles Prisons, aux Cordeliers ou ailleurs. Il est vrai que les ennemis de la Démocratie et des libertés n'ont que l'embarras du choix, puisqu'à Annecy, bourg de 20 000 âmes, il n'y a pas moins de treize prisons : la maison d'arrêt, la *Villa Mary*, la villa Martens, la villa des Marquisats, le camp de Novel, l'école des Cordeliers, l'école Saint-François, la villa Schmidt, le château des Ducs de Nemours, les Vieilles Prisons, la caserne de Galbert, l'Intendance et le bateau *France*. Ils sont plusieurs, arrêtés ce 13 mars 1944, à partir en déportation, et douze meurent derrière « les barbelés de la honte ».

La cour martiale fusille pour la quatrième fois : cinq jeunes tombent sous des balles françaises.

Le 1$^{er}$ avril, l'ennemi allemand est à l'usine du Giffre. Nouveau drame qui voit la mort de 4 personnes, dont le chef résistant Henri Plantaz, et 30 déportations. Douze hommes trouvent la mort en Allemagne. Il faut avoir à l'esprit ces drames, ces fusillades, ces exécutions ainsi que ces gens qui s'en vont par le train et que l'on ne reverra peut-être pas, pour comprendre la joie de la Libération.

Mais pour l'heure, l'ennemi tant français qu'allemand continue sa sale besogne. Ses prisons sont pleines : à Cluses, à Thonon, au *Pax* à Annemasse ou à l'école Saint-François à Annecy. Les déportés sont nombreux – ils seront plus de 1 250. Mais l'occupant fusille également les détenus, et ce à plusieurs reprises.

Loin de baisser les bras après Glières, la Résistance se montre plus forte que jamais. Elle se réorganise. Pour l'A.S., Humbert Clair, chef départemental du 7 février au 15 mai, est remplacé par Yves Godard. Pour les F.T.P., le capitaine Augagneur, dit Grand, devient le chef départemental. La résistance armée s'unifie au sein des F.F.I. (Forces Françaises de l'Intérieur), sous le commandement de Joseph Lambroschini, alias Nizier. Quant aux « politiques », ils sont regroupés dans le Comité départemental de Libération présidé par le jeune Georges Guidollet, alias Ostier. Un corps franc départemental nouvellement créé est confié à Loison, alias Raymond. Ce corps franc mène de nombreuses actions contre les forces du Maintien de l'ordre et l'occupant.

Les épreuves ne sont pas finies. La cour martiale du 4 mai condamne à mort 10 patriotes et en fait fusiller 5 au champ de tir d'Annecy. Le 10 mai, l'aviation britannique bombarde une nouvelle fois l'usine de la S.R.O., avec succès. Il est vrai que l'usine avait été balisée au sol par le groupe des Évadés. L'usine est anéantie pour longtemps, et aucun roulement à billes n'est sorti de ses machines grâce aux trois bombardements et aux multiples sabotages des hommes de la Résistance.

Le 20 mai, le Chablais vit à nouveau un drame sans nom. Une incroyable rafle se déroule sur plusieurs jours, menée de front par la Gestapo, la Wehrmacht, bien secondées par la Milice française. Aucun village n'est épargné. Le premier jour, l'occupant est à Bernex, une nouvelle fois : trois patriotes fusillés au bord de la route. Puis l'ennemi fusille à Thollon, Lugrin, Machilly, Champanges, Larringes… Ce sont onze hommes qui sont ainsi fusillés, alors qu'une soixantaine de personnes sont arrêtées. Sur 41 déportés en Allemagne, 19 trouvent la mort. Tristesse…

À quelque temps de là, à l'autre bout de la Haute-Savoie, l'ennemi fusille encore. À Vieugy, dans la banlieue sud d'Annecy, les *Schutzpolizei* exécutent à quatre reprises, les 15 et 18 juin, le 16 juillet et le 10 août. Au total ce sont quarante résistants représentant toute l'étendue de la

Résistance de par leurs âges, leurs professions, leurs rôles au sein des mouvements (Francs-Tireurs et Partisans et Armée Secrète), dans le Noyautage des administrations publiques (N.A.P.), la Résistance Fer, les filières transfrontalières, et aussi des hommes n'appartenant à aucun mouvement mais qui, comme les précédents, étaient désireux de défendre les libertés, qui tous ont donné leur vie pour Elle. Faisons en sorte que leur sacrifice n'ait pas été vain.

Le 15 juin, en plus des martyrs de Vieugy, les Allemands fusillent à Annecy le sous-préfet de l'arrondissement de Bonneville, Jacques Lespès, avec l'accord écrit du préfet Marion, et le même jour ils incendient les fermes des Puisots, faisant quatre morts brûlés vifs.

Le 26 juin, Allemands, G.M.R et miliciens sont à Étercy, à quelques kilomètres de Vieugy. La fusillade avec le corps franc départemental fait plusieurs morts de part et d'autre, et dans la soirée quatre villageois sont exécutés au bord de la route des Creuses.

Le début de juillet est marqué par le drame de Glapigny aux lisières sud du département, et le col de Leschaux en garde encore le souvenir. Le samedi 8 du mois, la police allemande assassine quatre hommes et deux femmes, dont Marianne Cohn, dans le bois de Rosses, à Ville-la-Grand. Le lendemain, les nazis tuent le docteur Arnaud. Beaucoup d'autres patriotes ont été tués par l'occupant ou la Milice dans notre département, et si l'on cite quelques noms au long de ces tristes lignes c'est pour rappeler le sacrifice de tous les autres. Comme par exemple Pierre Lamy, inspecteur du Travail, exécuté le 18 juillet sur la route de Leschaux.

Et puis, alors qu'il fait beau, que l'été est chaud et radieux, la Résistance ayant fait un coup de main sur Saint-Gingolph, l'occupant s'acharne sur ce bourg frontalier. Nous sommes le samedi 22 juillet. Dans moins d'un mois tout sera fini. Dimanche 23, la horde nazie envahit la ville. On ne sait pas ici qu'elle a déjà incendié l'école de Bonnatrait à Sciez, à la suite d'un violent accrochage avec les F.T.P. Dans la ville, les S.S. arrêtent, tuent, pillent : 7 morts et 34 maisons incendiées ; le feu purifie tout ! Des otages sont embarqués au *Pax*, tandis que des populations ont pu se réfugier en Suisse.

Le mois de juillet se termine avec le coup de main tenté par les résistants à Épagny, tout à côté d'Annecy. Il fait chaud au moment de la sortie de la messe. Les maquisards ouvrent le feu sur des miliciens, mais l'affaire s'engage mal et des renforts arrivent d'Annecy. Les maquisards envoient eux aussi des renforts descendus du camp tout proche de la Mandallaz et de violents combats s'engagent. Quatre maquisards sont tués, une femme est tuée accidentellement, et, quelques jours plus tard, la Milice enterre en grande pompe son chef de Faverges, le docteur D… D'autres miliciens blessés sont hospitalisés ; l'un d'eux mourra en octobre des suites de ses blessures.

Chacun sent bien que la Libération approche. Le 6 juin dernier, les Alliés ont débarqué en Normandie et progressent maintenant vers Paris. Les Soviétiques se rapprochent chaque jour un peu plus de Berlin. Mais chacun sait que la libération ne se fera pas sans mal.

Le 20 juillet, une réunion des chefs régionaux de la Résistance a lieu à Saint-Genix-sur-Guiers.

Ostier, président du C.D.L. de Haute-Savoie, a écrit : « *L'examen porte sur tous les aspects organisation interne M.U.R., M.L.N., relations avec les autres organisations, préparation de nouvelles municipalités, collaboration de nos services spécialisés avec les autorités désignées, fonctionnement des Comités de Libération, préparation de la prise de pouvoir, dont le corollaire n'est rien moins que la responsabilité de la vie quotidienne de nos concitoyens durant la période transitoire, qui peut être de longue durée…*

« *Sur le plan des opérations, Alban nous fit part que le gouvernement d'Alger souhaitait une importante participation des Français aux opérations de libération, et ce, quelles que soient les dispositions des Alliés à notre égard. Enfin, sur le plan civil, nous étions invités, pour sanctionner la prise de pouvoir insurrectionnel, qui devait avoir lieu immédiatement par l'occupation de tous les bâtiments officiels, à mettre en place le Comité départemental de Libération, qui représentait valablement la population. Nous devions aussi ne pas perdre de vue que nous n'avions aucun mandat officiel et que notre seule mission consistait à restaurer la République.* »

Le lendemain, avec les chefs F.F.I., Alban-Vistel fait le point sur les plans Vert et Violet, et tout le monde tombe d'accord sur l'absolue nécessité de la discipline au sein des F.F.I., de l'union entre A.S. et F.T.P.

# Les combats pour la libération

L'état-major F.F.I. établit en juillet un plan pour ces combats. Plusieurs objectifs sont définis :

1. Couper le département de toutes communications avec le reste du pays. Cela entraîne le contrôle des routes d'accès à la Haute-Savoie et la mise en place de barrages sur la nationale venant d'Aix-les-Bains à l'ouest, de loin l'accès le plus important, sur la route venant d'Ugine et de la Savoie au sud, ainsi que sur la route venant de l'Ain au nord-ouest *via* Bellegarde et le Pont-Carnot. Mise en place de bouchons.

2. Nettoyer les vallées de l'occupant en commençant par la haute vallée de l'Arve (Chamonix, Le Fayet) et le Chablais (région de Saint-Gingolph et Évian).

3. Après quoi, les compagnies F.T.P. et A.S. avanceront en direction d'Annemasse, libérant ainsi toute la partie nord du département.

4. Enfin, dernier point, les forces de la Résistance seront ensuite concentrées sur le chef-lieu du département.

Quelles sont les forces en présence ? S'il est difficile de donner avec précision les forces maquisardes, on peut néanmoins dire que les F.T.P. et l'A.S. peuvent mettre en ligne près de 3 000 hommes, plus ou moins bien armés, mais tous très déterminés.

Quant à l'ennemi, ses forces sont très hétérogènes. On compte des soldats de la Wehrmacht, assez jeunes dans l'ensemble, cantonnés essentiellement à Thonon, au Fayet, à Cluses, Annemasse et Annecy, soit environ 1 500 hommes. S'y ajoutent deux cents S.S. cantonnés à Cluses, Thonon, Annemasse et Annecy (où ils sont une centaine environ aux ordres de l'Hauptscharführer luxembourgeois Nicolas Fromes), des douaniers le long des frontières (haute vallée de l'Arve et région du Léman) et des policiers de la Gestapo installés dans les grandes villes et surtout à Annemasse et Annecy, des *Schutzpolizei* qui n'ont cessé de fusiller les patriotes tant sur les rives du Fier que dans le Chablais ou à Vieugy. Il faut y ajouter un peu moins de 2 000 soldats blessés sur le front russe et en convalescence armée à Thonon, Évian, Chamonix et Annecy notamment. Lorsque l'ensemble des forces d'occupation seront détenues, on avancera le chiffre de 3 866 prisonniers.

### Le grand parachutage du 1er août 1944 à Glières

Le samedi 22 juillet, le commandant Nizier, de retour des bords du Guiers, réunit tous ses subordonnés à Montremont, près de Thônes, ainsi que Jean Rosenthal, alias Cantinier, du B.C.R.A., et l'officier interallié américain Léon Ball, alias Niveau. Tous étudient le futur parachutage. Le lendemain, Cantinier confirme que Londres lui a câblé le texte du message annonçant le parachutage par soixante-douze avions, soit plus de 150 tonnes de matériel, sur le plateau des Glières. Le message devrait probablement passer le lendemain soir sur les ondes.

André Fumex, alias d'Artagnan, est chargé de mettre en place les structures du parachutage. Il monte sur le Plateau pour repérer les paysages qui, en été, sont bien différents de ceux qu'il a quittés le 26 mars dernier. Il inspecte le grand champ, repère la zone de largage devant les ruines du P.C., qui se termine à l'est par un petit bois d'arolles nettement visible d'en haut. C'est lui qui allumera, le moment venu, les feux délimitant la *dropping-zone*, ainsi que celui, plus fourni, qui, à l'écart, indiquera aux pilotes le sens et la force du vent.

Nizier procède donc à la mobilisation de ses troupes. Le lundi 24 juillet, tous les chefs de secteurs reçoivent l'ordre, signé Nizier et comportant quatre pages dactylographiées. Ils sont ainsi clairement informés dans les moindres détails de l'opération. Le commandant y ajoute un post-scriptum :

« *À la réception de cet ordre, les chefs de secteurs confirmeront de toute urgence les renseignements qu'ils ont fournis verbalement à la réunion du 22. Ils feront connaître toutes les difficultés que l'exécution du présent ordre est susceptible de soulever à leur effet.*

« *Si l'effectif de la main-d'œuvre est de 3 000 hommes, l'opération peut être réalisée en trente-six heures. Il importe que tous les adhérents de l'A.S.*

*comprennent que l'armement du département et la vie de beaucoup de leurs camarades dépendent uniquement de leur présence sur le plateau, le jour J1. »*

Toute l'A.S., maquis et sédentaires, est mobilisée. Nizier ne disposant que de 800 hommes armés pour assurer la protection du Plateau, demande à l'état-major F.T.P. de lui fournir 400 gars. Augagneur, alias Grand, et Bonfils envoient les hommes demandés. En effet, sans que Londres en soit informé, la Résistance de Haute-Savoie a décidé de partager les armes le mieux possible entre les troupes de l'A.S. et celles des F.T.P.

Lundi 31 juillet au soir, le message annonçant le parachutage pour le mardi 1er à onze heures passe sur les ondes de la B.B.C. : « Sur mon balcon, je ferai pousser des volubilis. » (Il s'agit de 11 heures G.M.T., donc 13 heures en France.)

Les chefs de secteurs mobilisent leurs camps, les hommes sont avertis et tout se déroule normalement. Les mouvements « aller » des éléments armés, commandés par le capitaine F.F.I. Jourdan, alias Joubert, sont parfaitement réglés.

Cent cinquante hommes du secteur d'Annecy, plus dix Évadés pour renforcer la section Bollard, en poste à la Verrerie, dix gars de Rumilly et

Parachutage du 1er août 1944 au plateau des Glières. Trente-six appareils larguent des centaines de containers qui vont s'éparpiller sur 4 km². (Photo R. Périllat.)

quatre-vingt-dix de Frangy se concentrent sur Usillon. Maurel est chargé de la mise en place. À La Balme-de-Sillingy, Lucien Mégevand, alias Pan-Pan, a rassemblé tous ses gars, embarqués sur quatre camions. Pierre Ruche, alias Charles, chef du secteur de Saint-Julien, rassemble ses gars à la Croix-Biche : montés sur douze camions et deux voitures, ils s'ébranlent à six heures et demie en direction du Plateau. Mardi matin, sept heures, une longue file de véhicules emporte vers Glières la plus grosse partie du bataillon du Léman. « Cette fois, c'est la joie chez nous, se souvient Jean Généraux. C'est allègrement que les gars par centaines font l'ascension du Plateau. Quelle récompense ! Nos alliés ne nous ont pas oubliés et c'est la preuve qu'ils ont également besoin de notre concours. Nous savons maintenant que l'heure de la revanche approche et que tout ce que nous avons enduré ne l'a pas été en vain. » Ils sont 500 maquisards environ à partir de Morzine pour Le Petit-Bornand. Chaque camion transporte une sizaine armée. Le convoi est protégé par les deux groupes francs, ainsi que par le corps franc départemental du lieutenant Raymond. Alors que les gars grimpent sur le Plateau, le groupe franc Mozart reste en soutien du corps franc départemental à Saint-Pierre-de-Rumilly et à Bonneville. Le groupe franc de Griffolet garde le col de Cenise, tandis que la première compagnie, avec les lieutenants Martinerie, Berthier et Cottin, est envoyée à Morette et sur les arrières du col de Bluffy. Dans la Vallée Verte, les maquisards forment un convoi pour le Plateau. De l'autre côté du massif, une compagnie de cent vingt hommes est acheminée à Flumet, avec pour mission de fermer le versant sud du col des Aravis. Quatre-vingts F.F.I. restent en réserve à Saint-Jean-de-Sixt.

Tous les véhicules qui ont amené les éléments armés demeurent aux points de chute, car ils resserviront aux mouvements de retour de ces mêmes détachements armés. À Thônes, le commandant Nizier est satisfait. Tout se passe comme prévu.

Le capitaine F.F.I. Joubert, responsable de la sécurité de l'opération, a sous ses ordres 720 maquisards bien rodés. Les différents accès au Plateau sont bouclés. Le défilé de Dingy, le col de Bluffy, le col de l'Épine, le passage des Esserieux, la vallée d'Usillon, les gorges du Borne, le plateau de Cenise et le col des Aravis sont surveillés par les F.F.I.

Depuis plusieurs heures, les mouvements des éléments non armés ont déjà commencé. C'est une immense mobilisation. Les F.F.I. raclent les fonds de tiroir. Tous les sédentaires sont embauchés. Bonneville envoie 400 hommes sur le Plateau. Thonon, 1 200 ; Rumilly, 350 ; Thônes, 300 ; Annecy, 270 ; Faverges, comme Saint-Julien, 150 ; les Évadés sont

Groupe de maquisards d'Entremont sur le plateau des Glières. (Coll. Louis Mermillod.)

Après le ramassage de centaines de containers, les maquisards vont rejoindre le siège de leur maquis pour préparer les combats de la Libération, qui interviendront quinze jours plus tard. (Photo R. Périllat.)

140, tandis que Frangy et Annemasse envoient 60 gars chacun. Impressionnants mouvements qui s'amplifient au petit jour.

Ainsi, entre 22 heures et la matinée, les camions, les camionnettes et les voitures réquisitionnés à la barbe de l'occupant transportent 3 000 résistants environ sur le Plateau. Lorsque tout le monde est amené au pied du Plateau, les camions cessent leur noria et stationnent à Thorens et au Petit-Bornand, en attendant leurs précieux chargements. Vers midi, tous seront en place ou presque. Il fallait arriver, selon les ordres, si possible avant le parachutage, afin d'éviter les barrages routiers que l'ennemi ne manquerait pas de dresser. Puis les sédentaires montent à pied depuis la vallée. Là-haut, les hommes affluent toute la matinée et certains, même, arriveront après le parachutage.

Il fait un temps splendide et le ciel est d'un bleu profond, d'un bleu de France. Le silence de l'alpage est bientôt troublé par un ronronnement lointain. Tout le monde retient son souffle et scrute l'horizon vers l'ouest. C'est l'heure.

Bientôt ils apparaissent, quelque peu en retard puisqu'il est 13 h 30. Mais qu'importe puisqu'ils sont là. Par formations de douze appareils, c'est une véritable armada qui se présente. En six vagues, les soixante-douze bombardiers de la *Royal Air Force* survolent Thorens. En bas, la population agite des mouchoirs, des torchons blancs en signe d'allégresse, comme pour remercier ces aviateurs qui ont survolé toute la France pour venir larguer leur précieuse cargaison sur les Alpes et qui apportent tant d'espoir. Les forteresses volantes semblent harcelées par une nuée de moustiques argentés. Une multitude de chasseurs – 63 très exactement –, virevoltants, escortent les gros porteurs. Il est de ces spectacles dont on se souvient jusqu'au terme de sa vie. Celui-là en est un.

Les premiers appareils larguent à la verticale des feux. Dans cet immense champ d'azur fleurissent des centaines de fleurs aux pétales bleu, blanc, rouge et or. En bas, les gars n'en croient pas leurs yeux. Comme on dit chez nous, ils n'en ont jamais tant vu ! Les fleurs descendent lentement vers la prairie verdoyante. Des Auges aux Frêtes, le décor est parsemé de coquelicots, de marguerites, de bleuets et d'épis d'or. Les corolles multicolores et leurs containers jonchent le sol.

« C'était un parachutage monstre. Tout n'est pas tombé au même endroit, mais c'était bien. Ça s'est éparpillé un peu partout, mais il n'y a pas eu trop d'écart, et la récupération a pu se faire très rapidement car il y avait du monde. J'avais dit aux gars de faire attention aux parachutes qui ne s'ouvrent pas. Les containers sifflaient comme des bombes et certains pouvaient ne rien entendre et être tués. On a eu des exemples dans le Vercors », témoigne André Fumex.

En fait, les containers, largués par 36 appareils, se sont éparpillés sur quatre kilomètres environ. Une vingtaine se sont écrasés sur les rochers ; et pour d'autres – une trentaine – les parachutes ne s'étant pas ouverts, ils se sont enfoncés dans le sol. Malgré cela, dans l'ensemble le largage est une magnifique réussite. En bas, on court dans tous les sens pour récupérer tout ce qui tombe du ciel, tandis que le ronron amical des moulins alliés continue d'emplir la montagne. Les appareils, après leur largage sur les Glières, décrivent un immense arc de cercle vers le sud pour lâcher d'autres containers au col des Saisies, où les attendent les F.F.I. de Savoie et le capitaine Bulle.

À Annecy, la population regarde avec beaucoup d'espoir descendre les parachutes. Au bord du lac, les gosses se baignent, et les miliciens courent et hurlent pour leur faire gagner les abris. Mais le spectacle est trop beau, même si l'alerte aérienne a déjà été sonnée depuis longtemps.

Là-haut, le ramassage s'organise. L'organisation est parfaite. Les containers ouverts révèlent leurs armes, munitions, explosifs, pansements ainsi que des allumettes, des tubes d'abrasif et des pinces, des vivres sous forme de rations militaires…

Chaque homme porte cinquante kilos. Chaque unité lourdement chargée descend vers les camions. Les colonnes partent pour le « voyage » au fur et à mesure de leur chargement, tandis que la « sieste », nom de code donné au triage, se poursuit. D'Artagnan est chargé du tri, au prorata des effectifs à armer. On fait des lots pour chaque secteur. Des F.T.P. reçoivent également des armes, ce que Londres n'avait donc pas prévu, mais l'unité des F.F.I. passe par ce partage. C'est le sentiment profond de Nizier et Ostier. Entre le parachutage et le lendemain 2 août à midi, les hommes font deux voyages aller et retour. Six heures de repos succèdent à six heures de travail. Pendant vingt-quatre heures, les fourmis transportent leur butin vers les camions. Personne ne quittera le lieu de chargement pour son secteur avant que la totalité du matériel ne soit descendue.

Mercredi après-midi, commence le retour vers les secteurs. Le plateau des Glières a retrouvé son calme alpestre.

Dans un premier temps l'ennemi a peu réagi. Aux Ollières, les Allemands rebroussent chemin, mardi matin. Vers quatre heures de l'après-midi du 2 août, cinq cars chargés d'Allemands, en compagnie de deux camions de miliciens, font une vaine tentative au col de Bluffy. Le chef maquisard Vanette est légèrement blessé. Dans son rapport à Martel,

Ostier avance que les miliciens ont eu sept tués et vingt-trois blessés. Le corps franc départemental subit un violent accrochage à Bonneville avec un convoi allemand. Il semble que l'ennemi ait eu 24 hommes hors de combat dont 7 tués. Quant au corps franc, il a 1 mort et 4 blessés.

Malheureusement, l'occupant réagit deux jours plus tard en envoyant la Luftwaffe bombarder Thônes. L'aviation allemande, venue de Dijon, lâche ses bombes sur le bourg des trois vallées le jeudi 3 août. Bilan : 12 morts dont les noms sont à tout jamais gravés dans le marbre apposé sur le mur de l'église Saint-Maurice, durement touchée. Le lendemain, les avions allemands larguent des tracts et des bombes sur les Villards-sur-Thônes, tuant une mère de famille et sa fille, ainsi que sur Le Petit-Bornand. Le dimanche 6 août, deux bombes sont larguées sur la gare de Rampon dans le défilé de Dingy, sans que l'on sache pourquoi, attendu que le train est supprimé depuis longtemps. Toutes ces victimes sont à ajouter à celles tombées au champ d'honneur pour nos libertés.

Ce parachutage apporte à la Résistance haut-savoyarde les véritables moyens dont elle a besoin pour lancer les combats pour la libération du département. Les 3 500 hommes mis en ligne réceptionnent 162,5 tonnes.

L'impact d'une telle opération est une autre pièce à verser au dossier. À Annecy, les Allemands sont très inquiets. Un général, venant de Lyon en voiture avec une forte escorte et se rendant à la *Soldatenheim* pour une remise de décorations, quitte précipitamment la ville lorsque l'alerte aérienne est déclenchée. On dit même qu'il y eut un certain flottement dans son entourage.

Debout, dans la cour du quartier de Galbert, les Feldgrauen regardent descendre ce qu'ils pensent être des parachutistes sur le Parmelan. L'ennemi pense alors qu'une formidable opération aéroportée est en cours, sur le Plateau, venant renforcer les bruits qui courent depuis plusieurs jours et savamment entretenus par le S.R. de la Résistance. On dit même qu'il s'agit de Canadiens. Lorsque l'alerte prend fin, à 15 h 50, les discussions vont bon train. Il est incontestable que cette démonstration de force, en plein jour, des forces alliées, prouvant ainsi la maîtrise du ciel français ainsi que celle de la Résistance savoyarde, capable de mobiliser plus de trois mille maquisards pour récupérer jusqu'au dernier plus de quatre cents containers métalliques, a contribué à démoraliser les soldats occupants. L'effet psychologique, dans cette affaire, est capital.

L'impact est tout aussi important sur la population française. Débarquement de Normandie et maintenant formidable parachutage, les

Annéciens sont plus que réconfortés. Ils sentent, tout en restant pragmatiques, que les choses bougent et que peut-être l'heure de la délivrance approche. Le nombre des volontaires qui désirent s'engager dans les F.F.I. augmente chaque jour, ce qui n'est pas sans poser de problèmes à l'encadrement civil et militaire.

On sent, après ce grand parachutage, que chacun se prépare à la phase finale. Les « militaires » tout d'abord réorganisent leurs dispositifs pour la bataille. Les chefs de secteurs A.S. et les chefs de compagnies F.T.P. font des réunions avec leurs subordonnés. On étudie des plans, on échafaude des stratégies…

Si les militaires passent insensiblement à la phase finale, les politiques en font de même. Ostier accueille Yves Farge, alias Grégoire, commissaire de la République pour la région R 1. Ensemble, ils visitent tous ceux qu'ils estiment capables de représenter la Haute-Savoie dans les années à venir. Ils rencontrent ainsi Charles Bosson, Irénée Revillard, Ulysse Bouvet, Martel et le général Doyen. Grégoire, à Saint-Jean-de-Sixt, rencontre Nizier et Cantinier. Les trois hommes font, avec Ostier, le tour de la situation. « Notre plan est le suivant : des détachements doivent couper à Saint-Julien-en-Genevois, à Rumilly et à Annemasse les voies d'accès du Rhône au Bugey, et occuper Évian, Thonon, Annemasse, Chamonix, Saint-Gervais-les-Bains et Cluses, pour converger ensuite vers Annecy, Saint-Julien-en-Genevois et Fort-l'Écluse. »

Yves Farge approuve et annonce qu'il donnera l'ordre de mobilisation générale le moment venu.

**La libération du pays approche**

C'est le titre du tract, imprimé clandestinement, qui circule dans le département. D'un format réduit (15 cm de côté), il court la ville et bat la campagne.

« *Se sentant aux abois, les adversaires multiplient les arrestations des bons Français qui travaillent et s'exposent pour préparer ce jour. Journellement, des Savoyards sont arrachés à leur terre natale parce qu'ils ont commis le crime de vouloir la conserver à la France. Nous ne sommes pas décidés à le tolérer et nous entendons, au contraire, avoir de plus en plus les coudées franches pour compléter notre préparation. En conséquence, à partir du 15 août :*

« *1. Nous vous demandons de vous opposer à ces arrestations pour motif politique. Que dans les villages, le tocsin sonne, que dans les villes, l'alerte soit rapidement donnée, que les populations s'assemblent pour forcer les policiers à libérer leurs proies.*

*« 2. La peine du talion sera appliquée à tout individu qui aura contribué, par délation ou par action, à une arrestation quelconque.*

*« Au jour de la Libération, le gendarme, le policier, le délateur prendront, en prison, la place de notre ami et seront frappés de la même peine. Si l'arrestation d'un des nôtres risque d'entraîner pour lui la peine de mort, la même peine de mort pourra être appliquée immédiatement aux auteurs de l'arrestation.*

*« Un chapitre spécial du Livre de la Justice est ouvert à cet effet. Que les policiers et les gendarmes sachent que nous n'avons nulle haine contre eux. Nous connaissons leur dévouement, leur conscience et les sentiments qui les animent généralement. Mais en acceptant de nous faire la chasse, ils doivent savoir qu'ils jouent un jeu dangereux et que, quant à nous, nous avons le devoir absolu de protéger et nos hommes et notre œuvre. »*

### En Haute-Savoie, la bataille suprême est engagée…

Le vendredi 11 août 1944, les F.F.I. lancent la mobilisation générale. Nizier a été informé du prochain débarquement dans le Sud de la France. Il reçoit les ordres : mettre en œuvre le plan prévu visant les arrières de l'ennemi.

Le commandant Yves Godard met au point le plan des futurs combats pour la libération du département. Il est prévu de débuter les combats à partir de la haute vallée de l'Arve et Saint-Gingolph, et de converger ensuite sur le chef-lieu du département. C'est la mobilisation de toutes les forces F.F.I. de la Haute-Savoie. L'état-major fait parvenir les instructions à tous les secteurs et sous-secteurs.

Le sujet de cet ouvrage étant la libération d'Annecy, nous n'exposerons que très brièvement ce que fut la libération du reste du département et nous renvoyons le lecteur au livre *Le Prix de la Liberté*, qui détaille cette libération.

### Alby-sur-Chéran, 11 août

Ce jour-là, dix gars du corps franc départemental se rendent à Alby-sur-Chéran, passage stratégique pour qui vient d'Aix-les-Bains. Ils doivent commencer les opérations qui permettront de couper cet accès et ainsi d'isoler la Haute-Savoie.

Les gars doivent désarmer la gendarmerie. Avant de se rendre à la brigade, Raymond place des guetteurs aux abords de la route. Ainsi protégés, les maquisards s'apprêtent à isoler le bâtiment, lorsqu'ils sont interpellés par leurs camarades guetteurs. Un convoi allemand arrive. Changement de tactique. Les maquis ouvrent le feu. L'ennemi répond. L'officier qui commande le détachement allemand demande du renfort par radio.

Les commandos se regroupent et s'installent, sur une hauteur, sur d'excellentes positions. Les Allemands, surpris, essuient le feu des armes automatiques. Dix d'entre eux sont mis hors de combat. Un véhicule, hors d'usage, brûle. Lorsque les flammes et la fumée s'atténuent, les soldats ennemis, réorganisés, marchent en tirailleurs sur les positions du corps franc, qui a cessé de tirer. Sont-ils tous morts ? Les troupes d'occupation (T.O.) ne trouvant personne, se replient emportant deux morts et dix blessés.

Dans la soirée, un camion de l'entreprise Beauquis, piloté par Maccotti, est réquisitionné par le maquis, entre Saint-Jorioz et Duingt, afin de transporter rapidement une dizaine d'hommes à Alby, en renfort. Le corps franc reste dans le secteur, car les T.O. peuvent revenir.

### Longchamp, 12 août

12 août, le jour se lève. Montés sur quatre camions, les gars de Thorens roulent vers la R.N. 203, car Louis Morel, alias Forestier, a appris, *via* M$^{me}$ Luya et la minoterie Bevillard, qu'une colonne allemande doit passer dans la matinée, en route pour Cluses.

L'embuscade est montée au lieu dit « Longchamp ». Ne sachant pas l'heure du passage du convoi, Forestier, ne pouvant faire édifier un barrage d'arbres, met en place un dispositif important. Deux sections prennent position de chaque côté de la route, qui à cet endroit longe la Fillière. Michel Lambert, dit Mimile, est installé avec tous ses gars en première ligne, entre route et rivière. De l'autre côté, la section des Évadés est aux ordres de Lucien Bollard, dit Lulu. Charles Palaccio, cuisinier de la section, qui a tenu à venir, attend, le bazooka sur l'épaule.

À l'arrière du dispositif, la section du lieutenant Rico est en réserve sur la rive gauche. Une quatrième section tient les hauts de Groisy, du côté de Diannay, tandis que la section d'Annecy, avec Burgan, s'installe au-dessus des virages du Plot. Le capitaine F.F.I. Forestier garde, avec quelques hommes, le pont de Longchamp à proximité du moulin, passage obligé pour le repli sur les Ollières et Thorens.

Un peu avant neuf heures, on entend le ronflement des moteurs. Dix-huit camions, « bourrés » d'Allemands, se présentent dans la ligne droite. En quelques minutes, une partie du convoi entre dans le piège, mais un camion chargé de câbles tombe en panne. Les bazookas crachent leurs obus. Les deux premiers tirs manquent leurs cibles, mais le troisième fait mouche. L'utilisation de ces armes n'est pas chose facile et l'entraînement manque. La fusillade éclate. Les véhicules s'immobilisent. Palaccio a déchargé son bazooka sur le premier camion. De partout, les soldats sautent à terre en lâchant, quand ils le peuvent, des rafales de pistolets-mitrailleurs. Les maquisards tiennent fermement leurs positions. Les camions de tête flambent. Les blessés et les morts allemands sont de plus en plus nombreux. Les Feldgrauen ont du mal à trouver des abris, tant le feu des F.F.I. est dense et croisé.

Le combat dure une heure et quart environ. Après quoi Forestier fait parvenir l'ordre de décrochage, qui s'effectue parfaitement. Les gars prouvent une fois de plus, ce jour-là, que l'embuscade et le repli-décroché sont toute une science militaire qu'ils ont bien assimilée.

Sur la route, les Allemands ont de grosses pertes. Ils comptent trente-deux morts et quarante-cinq blessés. Les F.F.I. emportent le corps de Michel Lambert, tué lors des combats, ainsi que Charles Palaccio et Vauthier, tous deux blessés.

Au cours des représailles qui suivent la bataille, les Allemands ratissent sans succès la région, abattant sauvagement Hector Dufournet, des Tavernettes, réfractaire au S.T.O., de la classe 42 et sédentaire A.S.

À Annecy, la discussion est vive entre Fougerousse, directeur de la Compagnie des bateaux à vapeur, et les autorités d'occupation, qui veulent interdire la navigation sur le lac aux hommes de 18 à 55 ans ! Force restera à la marine.

Les Ponts et Chaussées reçoivent l'ordre de réquisitionner du personnel pour édifier près d'une vingtaine de murs de béton à travers la ville, ne laissant libres d'accès, avec barrages et chicanes cependant, que les grandes artères de la cité.

À la même heure, le colonel Mayer, chef des Allemands de Haute-Savoie, donne l'ordre de contrôler toutes les communications téléphoniques au départ du central. Le N.A.P. en prend un coup.

Si les Allemands se retranchent, les miliciens pensent à partir. Les familles doivent être regroupées sur Lyon dès le lundi 14 août.

On raconte qu'un soldat de la Wehrmacht s'est renseigné sur le temps qu'il fallait, en bicyclette, pour se rendre à Genève, alors qu'il se procurait, au marché noir, des vêtements civils.

Le dimanche 13 août, il fait, comme depuis plusieurs semaines, un temps splendide. Dans la plaine la chaleur est accablante, mais en montagne, au creux des pâturages, l'air frais permet de supporter agréablement le soleil.

Le capitaine F.F.I. Joubert, de son vrai nom Jourdan et rescapé des Glières, est à Manigod avec la compagnie A.S. du secteur de Thônes. À Thônes, il rencontre le commandant Godard, alias Jean, et le chef des F.F.I., Nizier.

« Vous allez vous porter sur la R.N. 201, vers Alby et la tenir. Vous partez demain… Capitaine, c'est la mobilisation générale des forces de tout le département. Votre mission entre dans le cadre du Plan Vert… Rassemblez vos hommes. Vous recevrez en renfort la section des Évadés de Bollard et le corps franc départemental. »

Les capitaines F.F.I. Joubert et Gérard, de son vrai nom le comte de Baiser, rassemblent les gars du Val de Manigod et des environs de Thônes. Tout le monde est averti ; c'est la mobilisation générale ! Millau, chef du secteur de Faverges, est informé qu'il doit éclairer la route avec ses maquisards.

Les Évadés sont en route pour Thônes. Lulu se souvient : « On était habillés en chasseurs et l'enthousiasme était formidable. J'ai emmené une trentaine de gars. J'ai laissé, à Thorens, la sizaine du ravitaillement et la sizaine composée de gendarmes, d'agents et de gardes mobiles, dont la mission était de verrouiller la vallée de la Fillière. »

Les sections Gaillard, commandée par le lieutenant Hubert Godinot, ancien du 27e B.C.A., et Dantès sont regroupées à Serraval, où Georges Perrotin a rassemblé les véhicules. La section Pétrus, encore insuffisamment aguerrie, reste dans les chalets de la Cola. Quant à l'armement et à la mise sur pied d'une compagnie de sédentaires, ils sont laissés aux soins du capitaine Achard, aidé des lieutenants Baron, Haase et Pagès.

Joubert peut compter sur 120 hommes environ. Sur chaque véhicule flotte un fanion tricolore. Dans les camions sont entassés les munitions, les bazookas, les F.M. et des caisses de grenades. En plus, le capitaine F.F.I. emmène avec lui une cinquantaine de sédentaires de Thônes.

À Annecy, toute la journée, les familles des miliciens d'Annecy ont déménagé. Le bruit a couru qu'ils devraient partir dans la soirée pour Lyon.

Les Allemands ne peuvent pas partir, eux ! Alors, ils se barricadent de plus en plus, ou échafaudent des plans de fuite vers la Suisse, en attendant le pire. Les S.S., en tout cas, ont désarmé les gendarmes des pelotons supplétifs en fin de journée. Dans deux jours, les gendarmes allemands remplaceront les Français, de garde aux barrages urbains.

Vers neuf heures du soir, un avion en provenance du sud-est survole le Parmelan, lâche deux bombes sur les Fournets avant de poursuivre sa route vers le nord-ouest. Deux heures plus tard un homme est abattu par une patrouille allemande, à Annecy.

### Balmont, le jour se lève ce lundi 14 août 1944…

Les gars de Thônes roulent vers Alby, en portant bien haut leurs étendards. Dans chaque village traversé, le chef de l'expédition, le capitaine F.F.I. Joubert, laisse deux sédentaires, qui ont pour mission de neutraliser le téléphone. *Via* le col du Marais, le convoi gagne bientôt Faverges. Les populations sont très surprises de découvrir cet équipage de l'Armée des ombres évoluer maintenant au grand jour. Surprises et fières. Les étendards F.F.I., frappés de la croix de Lorraine, flottent au vent de l'espoir.

Le voyage est organisé de main de maître par le capitaine F.F.I. Millau et ses hommes, chargés de l'intendance et de la protection des arrières. Millau a fait préparer, tout au long du parcours, des tas de bûchettes de bois pour les gazos. R. Carraz pointe systématiquement les véhicules à chaque arrêt pour le bois. Dans le secteur de Saint-Jorioz, ce sont les gars de Léon Mégevand qui assurent la protection. Parti vers neuf heures du matin, le convoi roule depuis quatre heures lorsque le capitaine décide une halte-repas au col de Leschaux. Chaque chef de section achète des victuailles pour ses gars.

Vers 17 heures, la colonne débouche sur le piémont ouest du Semnoz. Tout le monde est regroupé à Viuz-la-Chiésaz. Il n'y a pas eu de reconnaissance du terrain et le capitaine doit improviser. La place du village est agitée d'un formidable remue-ménage et les villageois sont inquiets. Ils envoient une délégation auprès du capitaine. Six hommes viennent le supplier à genoux de partir, de peur des représailles dont les Allemands sont coutumiers. Le chef maquisard, très ému devant un homme de quarante-cinq ans environ, à genoux à ses pieds, répond : « N'ayez pas peur. Je ne partirai pas. Si on se bat, je resterai sur place. » Cela est contraire à toutes les directives de la guérilla-embuscade.

Joubert le sait, mais il lui faut avant tout rassurer les populations. Si on se bat, il restera.

Vers 18 heures, il envoie la section Gaillard prendre position dans la carrière de Balmont, qui domine légèrement la route. Il ordonne aux différents groupes de se porter, à pied, de part et d'autre de la nationale, en embuscade, entre Chaux et le carrefour de la route de Pissieux. Vers 18 h 30, alors que les gars font mouvement, un convoi allemand passe, sans accroc. Bientôt, tout le monde est en position.

Lulu a placé ses Évadés en avant du dispositif, sur Chaux, afin de boucler la route de Vieugy avec deux mitrailleuses allemandes M.G. 42, immédiatement mises en batterie. Le capitaine F.F.I. Joubert procède alors à une reconnaissance des lieux. Juché sur le tan-sad de la moto pilotée par André Masson, il sillonne les routes et les chemins alentour, constatant que l'endroit n'est pas très propice à une embuscade. Parvenu à Alby, il décide de remonter le dispositif par la nationale. Tout à coup, des détonations claquent. Il entend la mitraille dont le bruit enfle. Que se passe-t-il ? Miliciens ou Allemands ? Joubert instinctivement regarde sa montre. Il est 19 heures, heure allemande !

Dans la carrière, le lieutenant Godinot est installé avec une vingtaine d'hommes lorsqu'un convoi de cinq camions bâchés se présente, en provenance d'Aix-les-Bains. Ces renforts sont envoyés à Annecy à la demande du colonel Mayer, responsable de la Wehrmacht de Haute-Savoie, qui doit faire face à des troubles de plus en plus graves dans le département.

Le premier camion arrive à la hauteur de la carrière. Antoine Orset le suit depuis un moment avec son bazooka. Le coup part. Sur la route, c'est l'enfer. Le camion explose et brûle, dégageant une épaisse fumée noire. Il y a des morts et des blessés partout. Les « verts-de-gris » sautent des camions et tirent leurs camarades, sans ménagement, vers le Nant des Éparris, car un feu nourri venant de la carrière les cloue sur place. Ils réussissent à mettre en batterie une mitrailleuse qui arrose la carrière, tandis que d'autres portent les blessés vers la scierie Montmasson, où ils demandent à boire :

« Soif, soif ! »

Et le grand-père de répondre, en leur montrant la cour :

« Voilà le bassin. »

Le combat dure depuis une demi-heure environ. Joubert ne peut que contourner le dispositif, vers Viuz. Le lieutenant Hubert Godinot, se dressant derrière un mamelon pour observer les positions et les mouvements ennemis, est gravement blessé. Gérard amène des renforts, et Joubert parvient dans la carrière avant que la défense ne se désorganise. Le lieutenant Godinot est évacué sur Viuz, puis sur la clinique du docteur Herbert, à Aix-les-Bains, où il décède le 15 août à dix-sept heures. Une autre stèle sur le bord du chemin…

Joubert, constatant que la nuit tombante gêne de plus en plus les actions des combattants, fait décrocher sur Viuz-la-Chiésaz. À la faveur de la nuit, les Allemands quittent leurs positions. Ils rassemblent leurs 13 morts et leurs 22 blessés à deux cents mètres en amont de l'accrochage, dans la cave de la maison Thomé. Tandis que deux soldats, à plat ventre derrière le bassin, montent la garde, le capitaine allemand demande du renfort par radio.

Celui-ci arrive vers 23 heures. Les Allemands déclenchent alors des tirs de mortiers et de mitrailleuses. Sous cette protection, l'ennemi récupère le matériel, avant de partir à pied vers Annecy.

À Viuz, Joubert décide d'installer ses troupes en protection autour des villages et des hameaux, pour la nuit. On compte trois blessés parmi les maquis. Ce soir, le ciel est encore constellé de milliards d'étoiles.

Mardi 15 août, on s'apprête à fêter l'Assomption, mais que ce soit à Alby, Balmont, Chaux ou Viuz, on est inquiet. Le corps franc Raymond prend position dans Alby, de très bonne heure, ainsi que dans le bois qui recouvre le versant sous le château des Thiollaz. Les gars sont déguisés, cette fois, en gardes mobiles. Mataf pénètre dans le bureau de poste et fait sauter le téléphone.

Deux sections allemandes, en garnison à Rumilly, se présentent au pont de Pissieux, très tôt dans la matinée. Les Évadés, qui ont fait mouvement dans la nuit, les arrosent à la grenade. Les Allemands, se repliant sur Alby, tombent sur le corps franc Raymond. Voyant des gardes mobiles leur tirer dessus, ils hésitent avant de répondre, ce qui permet aux maquisards de se replier sur le château. L'officier allemand informe Annecy et Aix-les-Bains par radio, puis convoque le maire. Il ordonne à ce dernier de faire abattre tous les arbres en bordure de la nationale. Le maire ayant réquisitionné des hommes, le travail peut commencer. Les Allemands repartent par où ils étaient venus.

À Saint-Sylvestre, les paroissiens assistent à l'office, alors que la section des Évadés, qui a grimpé par le bois de Pissieux, arrive, tout essoufflée et en sueur, devant l'église. Le lieutenant F.F.I. Bollard fait déposer les F.M. à droite et à gauche de l'entrée et, tandis que les copains assurent la garde à l'extérieur, certains maquisards s'agenouillent. Le curé n'en croit pas ses yeux. La messe terminée, les maquis reprennent la guerre là où ils l'ont laissée quelques instants auparavant.

En début de journée, Joubert a reçu un renseignement lui signalant qu'un convoi ennemi doit quitter Annecy pour Lyon dans l'après-midi. Il n'a pas plus d'indications. Nous, nous savons qu'il s'agit d'un fort convoi de miliciens et de leurs familles, qui désirent se replier sur la capitale des Gaules. Le capitaine F.F.I. réorganise ses positions en fonction de cette information. La section des Évadés est rappelée sur Chaux, en pointe du dispositif. En arrière s'échelonnent les groupes de la section Gaillard, puis les volontaires de Quintal, commandés par Jean Chapuis, arrivés dans la nuit. La section Dantès, en réserve vers Viuz-la-Chiésaz, est prête à se porter au point d'attaque éventuel. Quant au corps franc Raymond, il manœuvre du côté d'Alby.

De la poussière est bientôt signalée sur la route de Saint-Félix. Les Allemands reviennent. Un impressionnant convoi monte d'Aix. Les soldats, très nerveux, ont la gâchette facile. Au sommet de la descente, vers Alby, tout le monde saute des camions et progresse à pied. Les soldats, voyant remuer les branchages et devinant des hommes dans le bois des Thiollaz, lâchent des rafales de P.M. Félix Laydevant, qui avait été réquisitionné comme « bûcheron », est tué. Son père sort des fourrés, en criant, les bras en l'air. Trop tard, la commune de Mûres vient de perdre un de ses enfants.

Les Allemands, au nombre d'environ deux cents, continuent leur route derrière leurs véhicules, onze camions, des voitures, de nombreux side-cars et motocyclettes.

Il est 17 heures, la chaleur est étouffante. Les maquisards de Quintal aperçoivent le convoi. Le journal de marche de la compagnie Joubert dit :
*« Cette attaque venant de direction opposée à celle qui était prévue provoque une certaine surprise et oblige les éléments en ligne à combattre en défensive. »*

Jean Chapuis donne l'ordre d'ouvrir le feu avec les trois F.M. dont il dispose. Panique de l'autre côté. Des motos et des side-cars vont au fossé, mais le premier camion ne brûle pas. Les véhicules stoppent et la réaction allemande est immédiate et violente. Ceux qui étaient à pied sont déjà en position. Les autres sautent rapidement des camions. Leur puissance de feu est considérable et il règne autour de la carrière une grande confusion, mais Chapuis n'a pas perdu le nord. Il fait décrocher ses gars en direction d'une ferme proche de l'église de Balmont. Planqué dans le grenier, des tuiles enlevées, le groupe arrose les positions allemandes. En contrebas, des soldats mettent le feu à la ferme Thomé.

Au cours de cet accrochage est mort Jean Bal. Âgé de dix-huit ans, Jean était apprenti boulanger. Le matin, désireux de s'engager dans la Résistance, il avait rencontré Lucien Bollard, mais celui-ci, n'ayant pas d'arme pour lui, l'avait confié à la section Chapuis. Ce dernier, désirant ravitailler ses gars, l'avait envoyé dans les fermes de l'arrière et chez ses anciens patrons quérir de la nourriture. Et c'est sur le chemin du retour qu'il est tué par un éclat d'obus. Le corps de Jean, déposé dans la nef de Balmont, est emmené à la cure par le prêtre.

Joubert fonce, sur sa moto, vers la carrière. La situation est confuse. Il aperçoit, torse nu, Coco, un gars fidèle. Il lui crie :

« Qu'est-ce qui se passe ? »

Pour toute réponse, Coco se redresse, se retourne et ouvre le feu sur le capitaine F.F.I. C'est un Allemand. Le coup manque sa cible et Joubert plonge dans le fossé. Tandis qu'il rampe vers sa moto, Louis ne cesse de se dire : « Et pourtant, j'étais sûr, c'était Coco Bonnefoy ! » À motocyclette, il fonce maintenant vers Viuz-la-Chiésaz chercher la section Dantès.

Celle des Évadés contourne les positions allemandes. Il fait lourd. Des Allemands, hirsutes, en bras de chemise ou l'air hébété, les vêtements en lambeaux, se terrent au fond du ravin des Éparris. On est loin de la glorieuse Wehrmacht de 1940. Alors que les Évadés traversent le bois de Chaux, l'anneau d'une grenade s'accroche à une branche. Ferret la lance le plus loin possible. Les Allemands ouvrent le feu à la mitrailleuse. Tapis derrière le talus, les gars entendent siffler les balles. « On les a bien repérés et on les a alignés à la Thomson et à la Newhaven. On n'a pas mis les F.M. en batterie », se souvient Lulu. Tous les Allemands sont tués. Lucien Bollard et les siens marchent maintenant vers Balmont, où Lulu calme une altercation entre le curé et Raymond, à propos du corps de Jean Bal.

La section Dantès se déploie maintenant en renfort sur la droite des positions allemandes et refoule les éléments qui menaçaient le groupe Chapuis. La nuit venant, les soldats d'outre-Rhin se replient. Les F.F.I. font de même. Les Allemands font mouvement vers Annecy. L'intervention de la section Dantès a également empêché l'ennemi d'incendier Balmont, village qu'ils n'ont pas réussi à investir.

Les Évadés arrivent sur leurs positions initiales, à Chaux, pour constater que les soldats ennemis s'enfuient à bord de leur camion, qu'ils avaient eux-mêmes emprunté à la minoterie Cléchet. Ils ouvrent le feu, mais trop tard.

La section se regroupe sur un mamelon, et deux gars, Lucien Beyer et son camarade, habillés en civil, se rendent à Annecy chez Irénée Martinat pour lui demander de faire évacuer les familles, car les Allemands ne vont pas tarder à trouver les papiers et l'argent restés dans le véhicule. Les familles sont rapidement prévenues. Laissons la parole à une des filles de Lucien :

« Ce bel après-midi d'été, nous étions en vacances. Luce jouait chez les Encrenaz. Je suis allée la chercher, sur l'ordre de maman. "Viens, il faut déménager la maison." Effectivement, maman, enceinte de huit mois, Luce et moi avons déménagé la maison, tandis que notre petit frère de quinze mois était gardé par une voisine. Maman donna des papiers à un voisin, employé des P.T.T. et sympathisant résistant. Maman a quitté la maison en vélo-taxi et a été accueillie par des "alliés" de la famille.

« Quant à nous, avec notre petite valise, nous sommes restées sur le bord de la route. Nous avions sept ans et six ans et demi. Nous savions très bien ce qui se passait. Notre prime enfance ayant été volée, nous étions grandes et "raisonnables", conscientes des événements. Au bout de la route, les bâtiments de la Garde mobile et l'horloge ! Assises sur le trottoir, nous regardions l'aiguille ! Maman nous avait dit : "Si à huit heures, ce soir, M$^{me}$ Debray n'est pas venue vous chercher, vous irez à l'école." Inutile de vous dire que l'idée de retrouver, en plein été, Josepha, ses prières, donc l'école, ne nous réjouissait guère !

« Enfin nous avons vu, au bout de l'avenue de la Plaine, M$^{me}$ Debray et M. Montessuit qui, sur le porte-bagage de leur bicyclette, nous ont emmenées à Charvonnex, chez la tante de papa. »

Curieusement, les soldats allemands abandonneront le camion sur le Pâquier et oublieront de le visiter. Personne ne sera inquiétée. La section des Évadés, qui vient de recevoir l'ordre de rejoindre Thorens, peut, dans la nuit du 15 au 16 août, grâce à des véhicules de la compagnie Joubert, regagner Thônes, puis Thorens à pied.

Lucien Vauthier, 19 ans, toujours volontaire, tombe en soldat au cours d'un bref accrochage. Ses camarades l'enterreront le 18 août à Thorens.

Le corps franc départemental quitte à son tour le secteur de Balmont et se regroupe vers Rumilly. Joubert attend les sections Dominique et Pétrus, ainsi que quelques éléments de la compagnie Pan-Pan, qui n'ont pas reçu l'ordre de se porter sur Fort-l'Écluse, où la bataille fait rage. Mais, avant de voir ce qui passe ailleurs, il nous faut en terminer, si je puis dire, avec la compagnie Joubert.

Celle-ci est en pleine réorganisation, car elle entre désormais dans le dispositif d'encerclement du chef-lieu départemental que l'état-major F.F.I. prépare.

Vers 16 heures, le mercredi 16, une petite colonne allemande monte d'Annecy par la route de Vieugy, emmenant des jerrycans d'essence. Près de Chaux et de Balmont, l'ennemi cherche le contact et le prétexte pour incendier. Les maquisards ne répondent pas. Les sections Dantès et Gaillard sont regroupées sur Viuz-la-Chiésaz. Les Allemands, une heure et demie plus tard, rentrent dans leur caserne.

Vers six heures et demie du soir, ayant mis en place une protection efficace, les gars rendent un dernier hommage à Jean Bal. Dans la nuit du 16 au 17, Pétrus et Dominique arrivent. Le groupe Ducas s'installe près de Gruffy. La compagnie est prête pour l'hallali.

Quant aux Allemands, ils inhument leurs morts dans le cimetière provisoire de la Tour.

### Dans le Chablais

Pendant ce temps-là, d'autres combats se déroulent dans le département, conformément au plan mis en place par l'état-major.

Dans la nuit du 14 au 15 août, le corps franc de Griffolet d'Aurimont, nom pris après la mort du lieutenant à Glières, commandé par Jean Diot, investit le village de Machilly, une des portes d'entrée du Chablais. L'occupant a placé là une garnison, cantonnée à l'*Hostellerie Savoyarde*. Mais l'accrochage avec la garnison dure et ne permet pas un contrôle définitif de la situation. Jean donne l'ordre de décrochage.

En même temps, le corps franc Bir-Hakeim, aux ordres de Collin alias Mozart, prend position au pont de Vongy, à la sortie est de Thonon, coupant la nationale 5. Il est minuit. Vers six heures du matin, les jeunes interceptent et font faire demi-tour à un convoi allemand. Alerté, Roger Mingard, qui commande la F.T.P. 93-01, fait appel à la compagnie F.T.P. 93-09 de Cettour-Rose. Ces deux compagnies F.T.P. seront couvertes, en direction d'Évian par la 93-21 aux ordres de Pierre Lazare, alias Michel, et face à Annemasse par la 93-30 de l'imprimeur Sopizet (2ᵉ bataillon F.T.P.) et par la 93-15 de Franquis, actuellement à Boëge et qui sera prévenu par Jean Peillex. Les chefs F.T.P. prennent contact avec les responsables A.S. du secteur. On tombe d'accord sur le partage des tâches et des responsabilités dans les combats qui vont s'engager pour la libération d'Évian et de Thonon.

### Libération d'Évian, 16 août 1944

Les hôtels de la ville abritent environ 800 hommes en convalescence, de retour du front de l'Est. Une section de Feldgendarmes cantonne à l'hôtel Continental, et une cinquantaine de douaniers sont dans une villa fortifiée près du port. Tous dépendent du lieutenant-colonel Reckenwald.

Des tractations s'engagent entre lui et la Résistance *via* M. Roussey, directeur de la Source Cachat. Bernard Epelbeim, alias Bernard, chef de la 93-12, répond aux demandes allemandes de laissez-passer et de nourriture : « Déposer les armes et capitulation sans condition » et donne jusqu'à 22 heures comme ultimatum. Après quoi, il attaquera.

À 18 h 30, Reckenwald rencontre le chef A.S. Morel. Le lieutenant-colonel allemand veut l'accord de son supérieur à Thonon, le colonel Raefler. Les discussions continuent entre résistants français et allemands. Les maquisards F.T.P. ont écrit dans l'ouvrage *R 1 3* (paru en 1946) : « *Finalement, l'accord est intervenu, sans cependant que toute garantie soit assurée que les hommes de l'*Arbeit Partei*, au repos dans les hôtels Splendid et Royal (environ huit cents) ou les membres de la Feldgendarmerie, cantonnés à l'hôtel Continental, respecteraient cet accord et ne réagiraient pas violemment.* » L'accord stipule que les Allemands des hôtels rendront leurs armes le lendemain, à 11 h 30. L'ordre d'investir Évian est donné à la 93-21 F.T.P. d'Abondance.

Tout se passe bien et le mercredi 16, à partir de 11 h 30, comme prévu, les résistants commencent à prendre livraison des 816 soldats en armes stationnés dans la ville. Les douaniers de la villa fortifiée n'ont pas signifié leurs intentions, mais ils se rendent peu de temps après. Évian libre, le comité de libération de la ville se met en place, tandis que les F.F.I. marchent sur Thonon, où déjà les combats ont été engagés.

Par ailleurs, les compagnies F.T.P. ont fait mouvement sur Machilly afin d'isoler le Chablais définitivement. De violents combats se déroulent entre les maquisards et les Allemands cantonnés dans l'*Hostellerie Savoyarde*. Des renforts allemands sont violemment pris à partis comme le prouve le rapport de leur officier commandant. Mais la libération de Machilly coûte cher aux F.F.I., qui perdent Pierre Bauemel, Louis Grobel, Roger Gross et Georges Jolowiez, un « gamin de seize ans », tous de la compagnie F.T.P. 93-24, ainsi que Jean Devienne, alias « le téméraire », de la 93-15.

### Libération de Thonon, 17 août 1944

Thonon est, avec Cluses, la ville où les combats pour la libération sont les plus durs et font le plus grand nombre de victimes dans les rangs des maquisards.

Les troupes F.F.I. manœuvrent conjointement à la suite de la réunion de la nuit du 16 août au matin, tenue au garage Amolini. Les hommes de l'A.S. (1re compagnie et corps francs) attaquent à Rives tandis que les F.T.P. (93-01, 93-09 et 93-21) prennent position sur Crête.

À 6 heures du matin du 16 août débute l'attaque de Rives (hôtels Bellerive et Beau-Site et château). L'engagement dure toute la matinée car les Allemands sont très bien équipés et déterminés. Au cours de cet engagement, les maquisards Raymond Gros et Jean-François Cottet-Dumoulin sont tués. Trois civils trouvent également la mort ce matin-là : Abel Henry, Henriette Moille et Claudius Perroud. À midi trente, un drapeau apparaît à une lucarne du château. Accompagné de Jean-Claude Regat, le lieutenant Jean Diot reçoit la capitulation sans condition de la garnison. Les Allemands ont 4 tués et 56 prisonniers.

Dans l'après-midi, l'effort se concentre sur les garnisons allemandes du Sacré-Cœur et du séminaire. Le harcèlement commence. Le maquisard voltigeur Guy de Pontèves est tué en jetant des grenades par-dessus le mur d'enceinte. Les chefs de la Résistance relancent les discussions pour obtenir la reddition de l'ennemi. Au cours de la tentative pour approcher et faire savoir cette nouvelle information aux Allemands, Jean Peillex est tué. La nuit se passe en escarmouches, fusillades et alertes incessantes. La nervosité croit avec l'annonce, cent fois répétée, de l'arrivée imminente de renforts allemands, si bien qu'on envoie les deux corps francs A.S. en bouchons à Bons-en-Chablais et sur la route de Douvaine.

Le 17 au matin, Morel, alias Valentin, réussit à s'approcher de la porte du Sacré-Cœur pour discuter, alors que la 93-30 de Sopizet arrive sur les lieux.

Le lieutenant-colonel Raefler, moins facile à convaincre que son homologue d'Évian, accepte d'être emmené dans cette ville d'eau pour constater la reddition du lieutenant-colonel Reckenwald. Il est midi et quart lorsque les deux officiers allemands se rencontrent sous la surveillance des officiers français.

L'entrevue dure jusqu'à 15 heures, heure à laquelle le lieutenant-colonel a pris sa décision. De retour à Thonon, vers 16 heures, il signe la

Le 16 août 1944, les Forces Françaises de l'Intérieur unies, A.S. et F.T.P. côte à côte, libèrent Évian, où cantonnaient plus de 800 soldats allemands dans différents hôtels de la station thermale. Certains maquisards ont même réussi à construire avec beaucoup d'ingéniosité un blindé. (Coll. M. Germain.)

La libération d'Évian est assurée ce 16 août 1944, et les F.F.I. défilent dans les rues où les populations un peu surprises ne sont pas encore descendues. (Coll. M. Germain.)

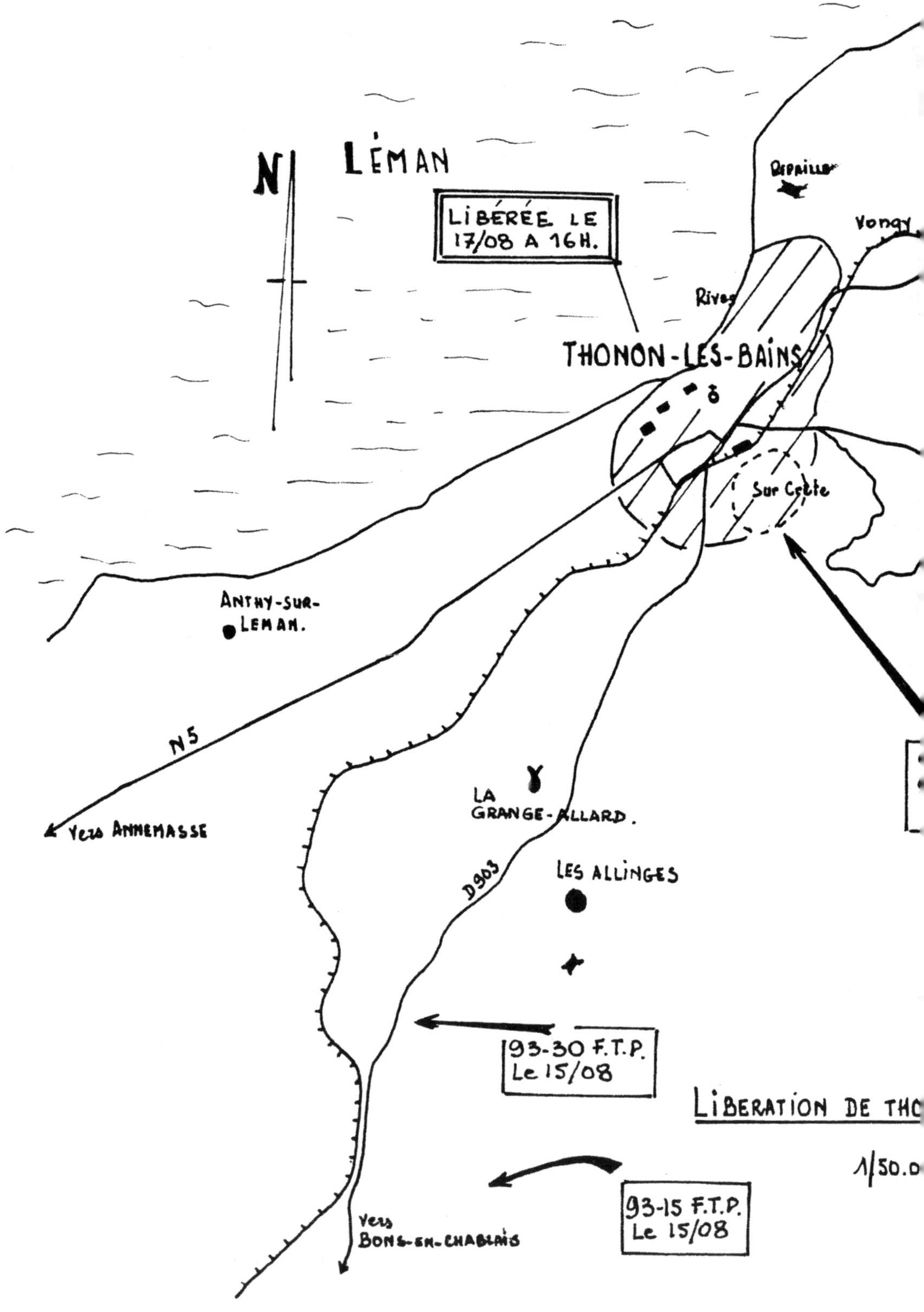

LÉMAN

LIBÉRÉE LE
17/08 A 16H.

N

Ripaille

Vongy

Rives

THONON-LES-BAINS

Sur Crête

Anthy-sur-Léman.

N5

Vers Annemasse

La Grange-Allard.

Les Allinges

D903

← 93-30 F.T.P.
Le 15/08

← 93-15 F.T.P.
Le 15/08

Vers Bons-en-Chablais

LIBÉRATION DE THO

1/50.0

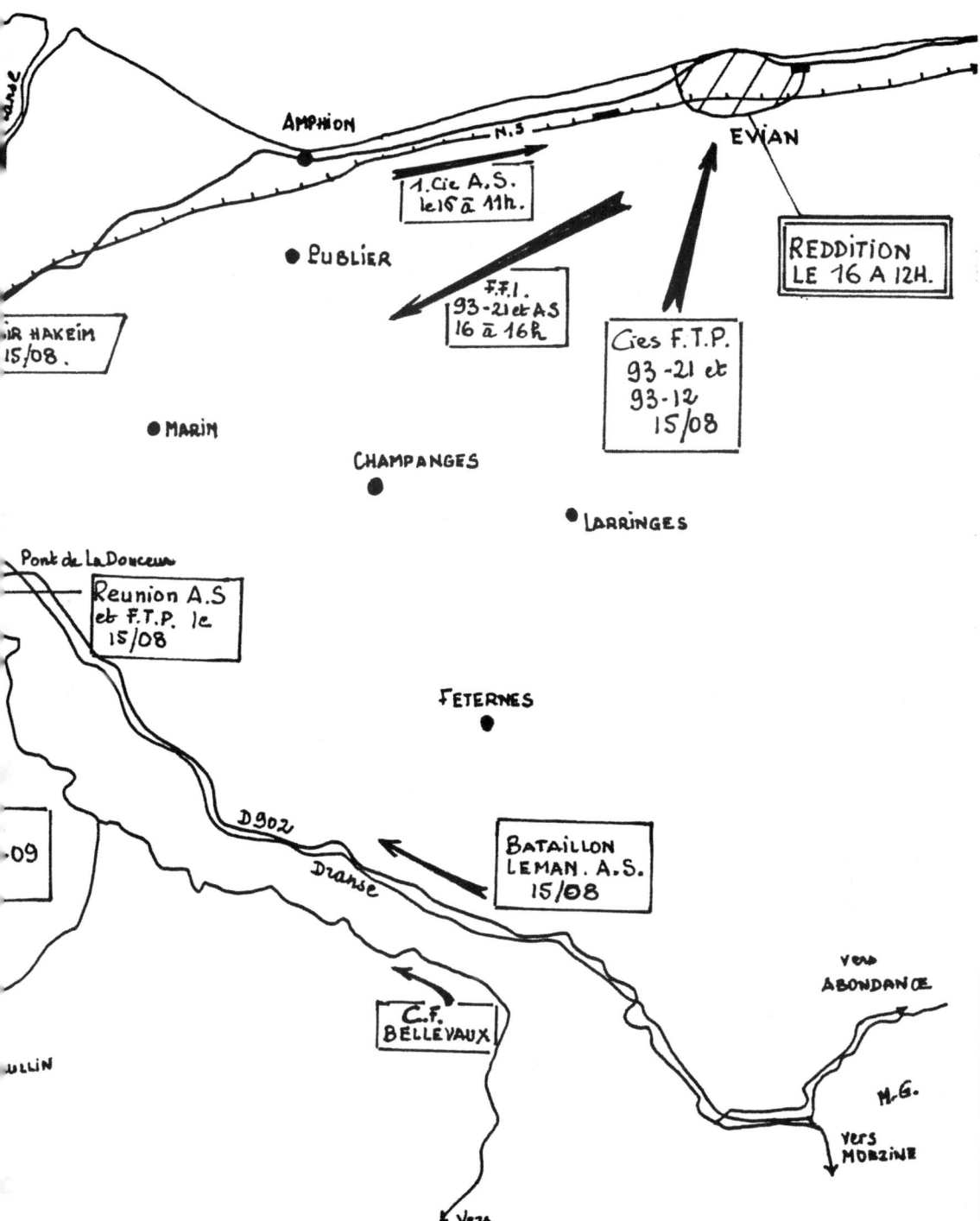

Carte de la région thononaise qui montre l'action concertée des maquisards de l'Armée Secrète et des Francs-Tireurs et Partisans, qui aboutira à la libération totale de la ville le 17 août 1944, après de violents combats notamment au bord du lac à Rives et Sur-Crête. (Doc. M. Germain.)

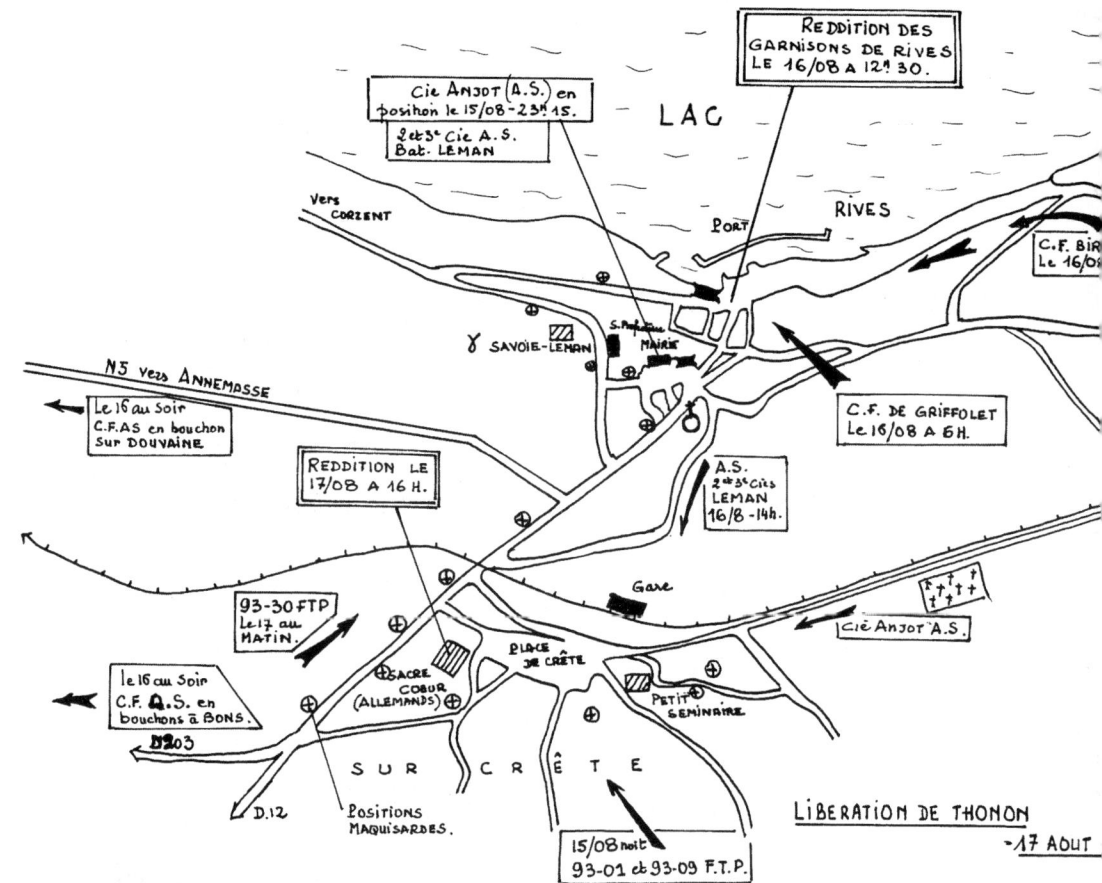

capitulation de la garnison. Les hommes valides sont considérés comme des prisonniers de guerre. Les blessés sont hospitalisés. Au total, ce sont 659 prisonniers qui viennent s'ajouter aux 816 d'Évian. Les armes et les munitions sont remises au commandement français.

Thonon a payé chèrement sa libération. En plus des 5 morts de Rives, de Peillex et Guy de Pontèves, sont morts ce 16 août Claudius Plantaz et Charles Noir. Frédéric Asler, grièvement blessé place de Crête, mourra le 17 à l'hôpital. Marc Déturche, grièvement blessé également, mourra le 25 août.

Le 17, tombent Louis Champiot, Marcel Michallet, Edmond Grisoni, Louis Gruillot, Charles Giraud. René Dujonc, volontaire suisse, grave-

Plan détaillé de la ville de Thonon, qui montre les différents combats pour la libération menés par les F.F.I. Si l'Armée Secrète s'est chargée de la garnison de Rives, les Francs-Tireurs et Partisans se sont regroupés autour de la garnison allemande du Sacré-Cœur (Sur-Crête). Après la reddition de Rives le 16 août à midi et demi, le gros de l'A.S. se porte Sur-Crête, et, après de durs combats menés par les F.F.I. contre les Allemands, ceux-ci capitulent le 17 août à 16 heures. (Doc. M. Germain.)

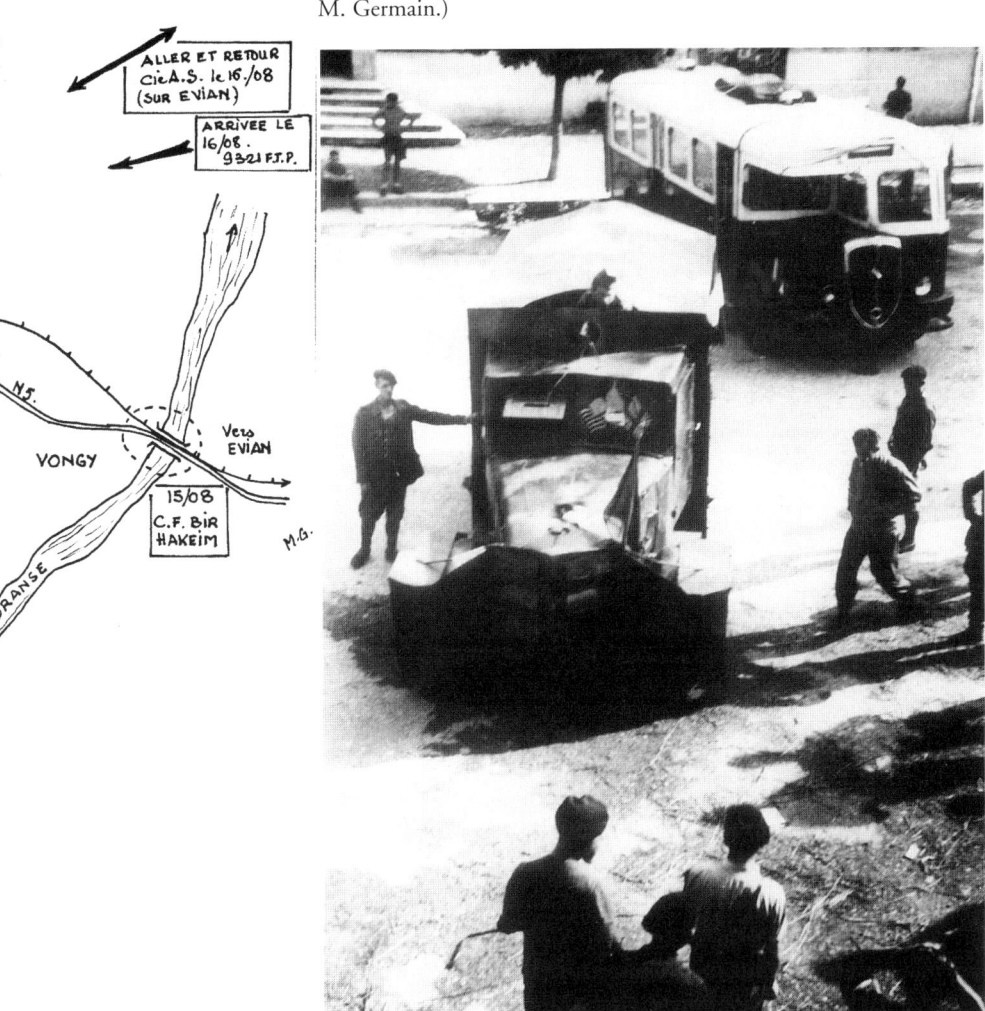

Les maquisards F.F.I. après les combats de Thonon présentent fièrement leur fameux blindé. (Coll. M. Germain.)

La garnison allemande de Thonon s'est rendue le 17 août 1944 à 16 heures et les maquisards emmènent les prisonniers de la Wehrmacht, les bras sur la tête, vers leur lieu de détention. (Coll. M. Germain.)

Après la libération de Thonon et de violents combats, les maquisards des Forces Françaises de l'Intérieur défilent dans les rues de la ville. On les sent fatigués, heureux et dignes. (Coll. M. Germain.)

Quelque temps après la libération de Thonon survenue le 17 août 1944, les vainqueurs et le Comité de Libération de la ville organisent une revue d'effectifs et prise d'armes devant la mairie de la ville, qui a retrouvé les couleurs de la République. (Coll. M. Germain.)

ment blessé, devait également mourir des suites de ses blessures. Cela porte à quatorze le nombre de maquisards tombés pour la libération de Thonon. Quatorze militaires auxquels il faut ajouter les trois civils.

Pendant que l'on se bat dans le Chablais, conformément au plan prévu les combats ont débuté dans la haute vallée de l'Arve qui doit tomber avant que les F.F.I. n'attaquent Cluses, autre place force de l'occupant.

### Libération de Chamonix, 17 août 1944

Le 14 août, les diverses unités de l'A.S. de la région de Chamonix sont mises en mouvement. Le corps franc d'Argentière se porte sur Contamines-Montjoie, où il retrouve la compagnie de Chamonix aux ordres de Drouot. Pendant ce temps les Vallorcins sont au viaduc Sainte-Marie.

Premier accrochage le 15 août : par un feu nourri, les maquisards de Vallorcine obligent des Allemands, montés de la garnison du Fayet pour renforcer Chamonix selon les ordres du commandant Haufen, à faire demi-tour. Les hommes du centre Guynemer arrivent aussi au viaduc.

Le 16, les Allemands qui tentent de fuir de Chamonix sont violemment accrochés au viaduc. Ils perdent plusieurs hommes dont le chef

Le 14 août 1944, les maquisards de l'Armée Secrète de la vallée de Chamonix reçoivent l'ordre de se mettre en mouvement pour ce qui doit être les combats pour la libération, conformément au plan dressé par le commandant Yves Godard. Pour les hommes de la vallée, les principaux combats se déroulent sous le viaduc Sainte-Marie, aux Houches, le 16 août, où l'un des leurs trouve la mort. On voit ici le camion utilisé par certains Allemands pour fuir Chamonix complètement détruit par les tirs maquisards. (Coll. A. Arpin.)

Chamonix abritait, en plus des douaniers, de la Gestapo et de quelques soldats, environ 350 soldats allemands convalescents après leurs blessures sur le front russe. Ceux-ci étaient armés de leur baïonnette ou de leur arme de poing pour les gradés. On les voit ici rassemblés devant l'hôtel Majestic après leur reddition. (Coll. A. Arpin.)

Les prisonniers allemands, après la reddition de la ville de Chamonix le 17 août 1944, sont emmenés en captivité derrière leurs officiers. Certains seront emmenés au col des Montets et d'autres au camp de Jeunesse et Montagne aux Frasserands, d'autres enfin seront gardés dans les hôtels chamoniards. (Coll. A. Arpin.)

Les soldats allemands prisonniers après la reddition de la garnison de Chamonix le 17 août 1944 sont emmenés dans différents lieux de détention. Certains, que l'on voit ici devant la gare de la ville, sont emmenés au col des Montets. (Coll. A. Arpin.)

Cent cinquante prisonniers allemands environ sont regroupés à l'hôtel des Montets. Sur la gauche de la photographie, on distingue l'officier allemand « Nixte », et, au centre (avec le crêpe noir), Paul Arpin. (Coll. A. Arpin.)

Le Comité de Libération de la ville s'installe dans l'hôtel de ville dès la reddition des Allemands, le 17 août 1944. Si Jules Devouassoux est nommé maire de Chamonix, Paul Arpin représente la section d'Argentière. Le retour au calme est assuré dans la ville par la police du maquis aux ordres de Joseph Ranzoni. (Coll. A. Arpin.)

« Nixte ». La Résistance concentre ses forces sur cette porte de la vallée, et les Houches voient passer de nombreux maquisards.

Le jeudi 17 août, les maquisards rendent les corps des huit tués allemands, en présentant les armes, à ceux qui étaient restés à Chamonix. Ce geste fait progresser sous les casques germaniques l'idée que les « terroristes » sont des soldats et qu'on peut traiter avec eux dignement. La présence du lieutenant-colonel de réserve Betenfield en tenue ajoute encore à la crédibilité, et à 17 heures, se sentant sans conteste piégé, le colonel commandant Chamonix accepte la reddition qui lui est proposée.

Environ 350 soldats sont ainsi faits prisonniers (avec ceux du Fayet). Ils sont emmenés pour certains au col des Montets, tandis que d'autres sont gardés dans les grands hôtels chamoniards. La foule est en liesse : Chamonix est libéré.

Pendant ce temps-là, au Fayet…

### Libération du Fayet, 17 août 1944

La garnison du Fayet est forte de 80 hommes environ, commandés par le commandant Haufen, qui nous a laissé un très long et très circonstancié rapport sur sa reddition.

Pour les maquisards de Chamonix comme pour ceux de toute la Haute-Savoie, la libération totale du département acquise le 19 août ne signifie pas la fin des combats. Bien au contraire. Un très grand nombre d'hommes de l'Armée Secrète et des Francs-Tireurs et Partisans continuent le combat, notamment dans la moyenne vallée de l'Isère où de durs combats se déroulent la semaine suivante (pont Royal notamment). On voit ici les gars de Chamonix qui, en car, embarquent pour Saint-Pierre-d'Albigny. (Coll. A. Arpin.)

Lundi 14, deux douaniers en quête de « beurre à rafler » sont tués par les maquisards de Montivon. C'est à la suite de cette « affaire » que Haufen a envoyé une section pour assurer le retour de « Nixte » et de ses trente hommes. Mais lors de leur retour avec la garnison chamoniarde, celle-ci ne dépassera pas le viaduc Sainte-Marie. Mercredi 16 au matin, le commandant du Fayet reçoit l'ordre de se replier sur Cluses, ce qu'il ne peut faire. L'après-midi, Raymond, chef de la 93-18, exige sa reddition, ce qu'il refuse également. Aux compagnies 93-18 et 93-06 F.T.P. s'ajoutent le groupe Jean Collet et dix-huit gars de l'A.S. de Montjoie et bientôt ceux de Chamonix. Le commandant Haufen fait rafler des otages, dont le maire et le curé, qu'il parque avec ses hommes dans l'hôtel des Alpes. Dix gendarmes sont désarmés et enfermés dans une chambre de l'hôtel Carlton.

Jeudi en fin de matinée, on voit entrer en scène Léon Ball, alias Niveau, officier américain parachuté en septembre. Sollicité, il fait parvenir un mot à l'officier allemand : « … *Je tiens à vous faire savoir que j'ai l'intention d'attaquer avec mon groupe en liaison avec les F.F.I., dont j'ai également le commandement. En cas de reddition de votre part avant 15 heures (3 heures cet après-midi), sous ma responsabilité, vous aurez droit aux conventions de Genève relatives aux prisonniers de guerre. Je veux bien vous rencontrer à ce sujet. La réponse peut être donnée au porteur de ce message. L.F. Niveau, capt. US Army.* »

Haufen rencontre Niveau et finalement accepte sa reddition sans condition. Vers 17 heures le 17 août, 62 prisonniers sont emmenés à Chamonix ; la haute vallée de l'Arve est libérée.

Les F.F.I. concentrent désormais leurs forces sur la garnison de Cluses.

**Libération de Cluses, 18 août**

Apprenant les événements de Chamonix et du Fayet, le colonel Mayer d'Annecy en accord avec le S.S. Fromes envoie un renfort de S.S. à Cluses. La Résistance, informée par son service de renseignements, agit immédiatement et le convoi de quatorze camions est attaqué tout au long de son voyage. Les S.S. ont emmené avec eux des otages, regroupés dans un car. Jeudi 17, premier accrochage au Plot par les maquisards de Thorens. Claude Rico et Lucien Felisaz sont tués, mais les Allemands ont de lourdes pertes. Ils continuent leur route et sont à nouveau attaqués au col d'Évires, puis sans cesse après Bonneville, par les F.T.P., si bien que c'est

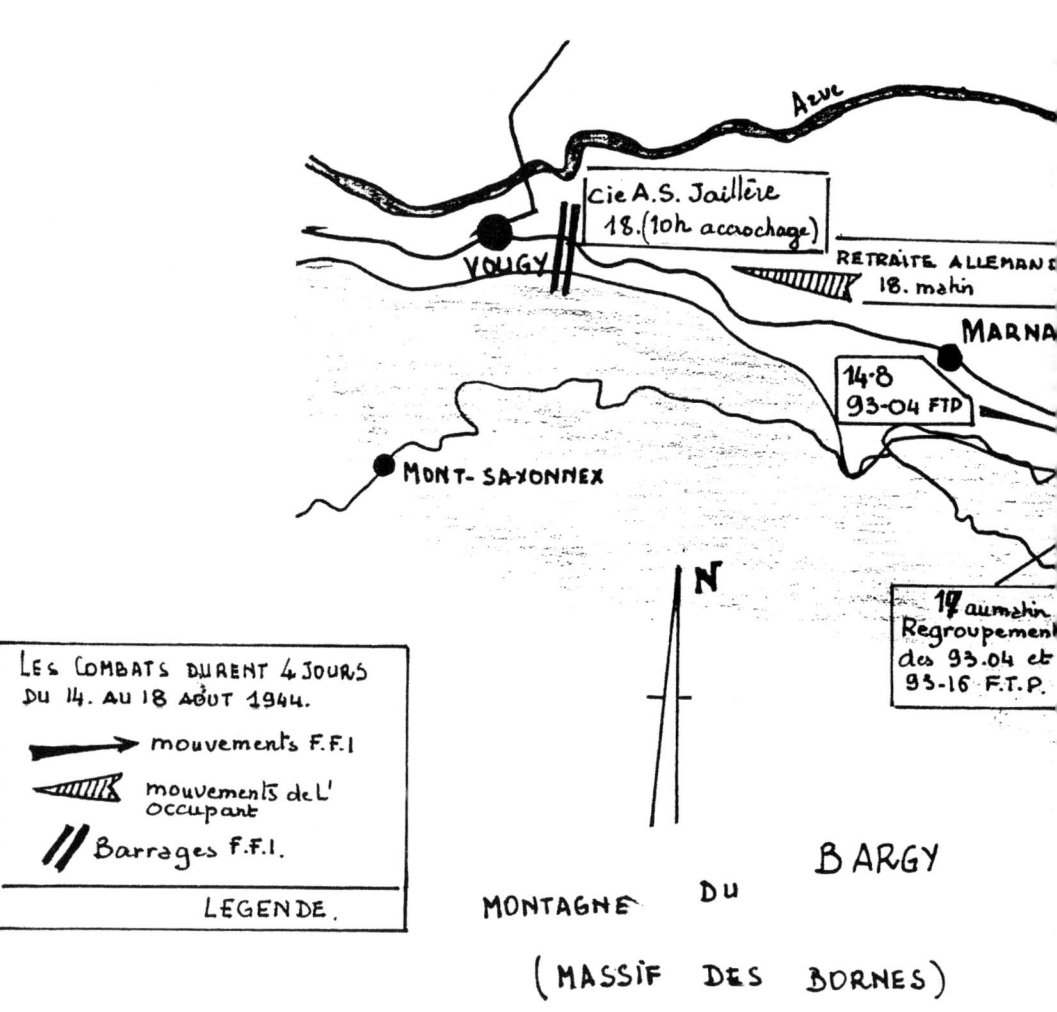

Carte générale de la libération de Cluses. Les opérations commencent par l'encerclement de la ville par les F.T.P. et les maquisards de l'A.S. dès le 14 août. Puis, après la reddition du Fayet et de toute la haute vallée de l'Arve, les F.F.I. passent à l'attaque suivant un plan préétabli. (Doc. M. Germain.)

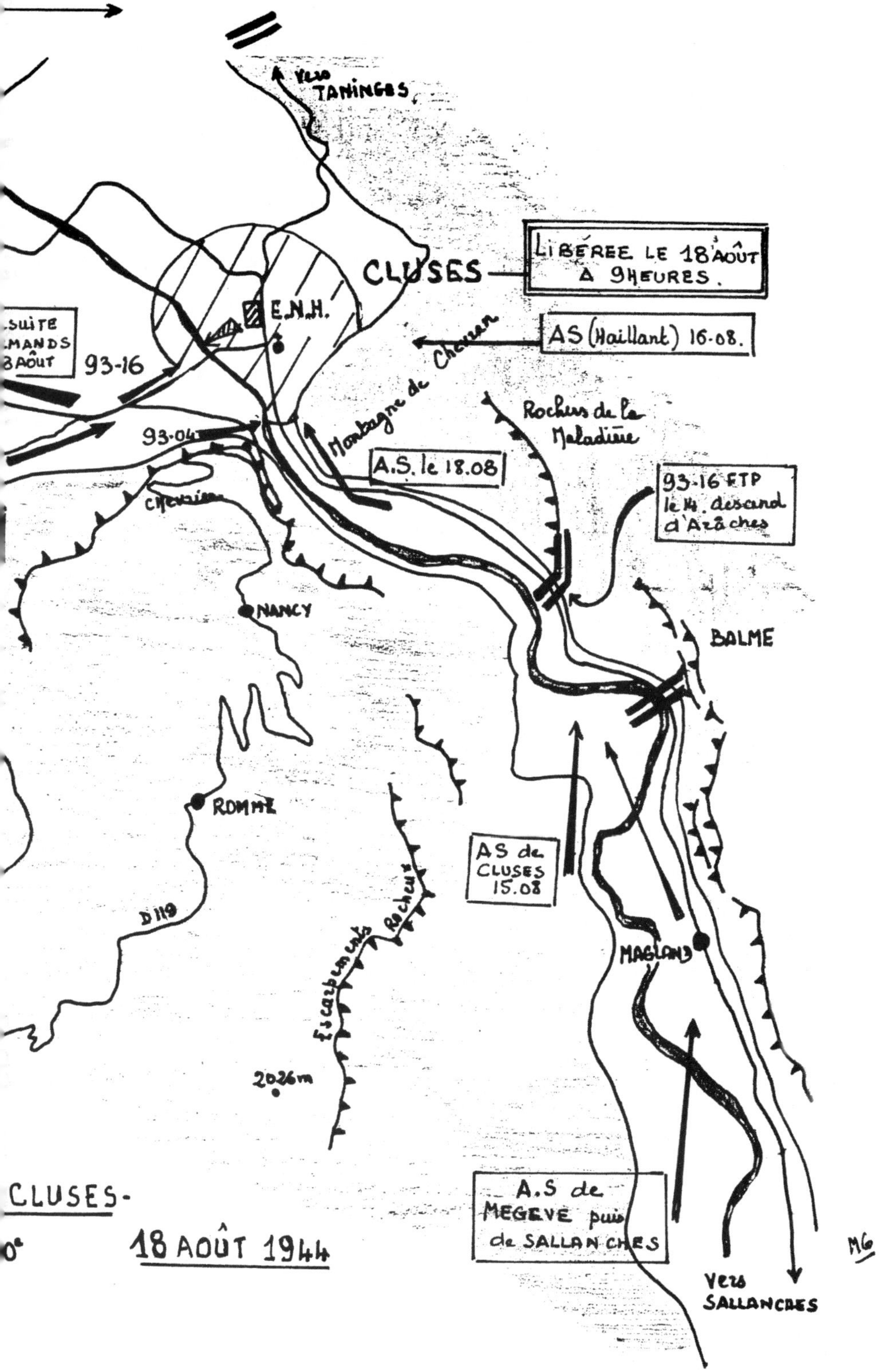

CLUSES
LIBÉRÉE LE 18 AOÛT À 9 HEURES.

VERS TANINGES

SUITE ALMANDS 18 AOÛT
93-16
93-04
E.N.H.
CHEVRIER

AS (Haillant) 16-08.
Montagne de Chevran
A.S. le 18.08
Rochers de la Maladière
93-16 FTP le 14 descend d'Arâches

NANCY
BALME

ROMME
D119
Escarpements Rocheux
2026m

AS de CLUSES 15.08
MAGLAND

A.S de MEGÈVE puis de SALLANCHES
Vers SALLANCHES

CLUSES -
18 AOÛT 1944

MG

un renfort sans « valeur militaire » ou presque qui arrive dans Cluses, où sont enfermés à l'École nationale d'horlogerie deux centaines d'Allemands environ.

La ville est encerclée par les forces unies F.T.P. (93-04 de Maniglier et 93-16 de Vaisselet, groupe Coudard entre autres) et A.S. (compagnie de Poplaski, la trentaine d'Haillant, notamment, et bientôt ceux de Megève et Sallanches aux ordres de Dominique Cancillieri). Les harcèlements, les tirs contre l'école durent plusieurs jours à partir du lundi 14 août. Mardi 15 août, le siège de Cluses continue. Les F.F.I. tiennent les entrées et continuent de harceler l'ennemi tout en se préparant à l'assaut final.

Mercredi 16, vers 15 heures, une violente fusillade reprend : les Allemands tirent vers Châtillon durant une heure.

Le jeudi 17, les F.F.I. resserrent leur encerclement et dans la nuit passent à l'attaque. Les compagnies de sédentaires 93-13 et 93-28 F.T.P. s'ajoutent au dispositif, ainsi que des gars de la 93-20 et de la 93-06. L'attaque débute dans l'après-midi par de violents tirs d'armes automatiques. Le soir, le calme revient.

Dans la nuit du 17 au 18 août, les F.F.I. se glissent dans la ville endormie et parviennent jusqu'à la mairie. Les Allemands sont en train de

Les résistants de l'Armée Secrète de Megève, aux ordres de Dubois et Paul Barroud (avec le béret), posent devant et sur leur camion préféré. On reconnaît au centre (en civil avec des lunettes) le docteur Charles Socquet. (Coll. M. Germain.)

Cliché pris par un soldat allemand à l'intérieur de l'École d'horlogerie de Cluses, siège de la garnison allemande, le 18 août 1944. Cette photographie fut développée après la reddition de l'occupant. (Archives municipales.)

Les gars de la « Patrouille Blanche » de Maniglier, dit Mani, juchés sur un camion devant la mairie, s'apprêtent à partir poursuivre les combats. (Archives municipales.)

Les maquisards vainqueurs de la garnison allemande de Cluses ont récupéré matériel roulant et armes chez l'ennemi et défilent dans la ville. (Coll. M. Germain.)

On reconnaît sur ce cliché des maquisards ayant participé aux combats pour la libération de Cluses armés de P.I.A.T., autrement dit des premiers bazookas. Au début, leur maniement ne fut pas sans danger, attendu que bien peu de jeunes étaient capables de déchiffrer les notices en anglais, et les accidents furent nombreux. (Coll. M. Germain.)

La libération de Cluses survient après de durs combats et quatre jours d'encerclement de la cité. La ville et celles voisines de Scionzier et Marnaz sont totalement libérées le 18 août 1944. Les F.F.I. défilent alors dans les rues de la ville. (Coll. M. Germain.)

tenter de fuir en silence vers le Pont-Neuf sur l'Arve. L'École d'horlogerie est déserte. Des jeunes hissent le drapeau français.

Les maquisards ouvrent le feu. Dans le car d'otages que les courageux nazis ont encore mis devant eux, on se protège comme on peut. Les combats durent plusieurs heures. Les Allemands tentent toujours de fuir vers Scionzier. Là, d'autres F.F.I. les attaquent. L'ennemi tente de disparaître grâce à la brume qui enveloppe maintenant l'Arve. Une mitrailleuse de la Wehrmacht continue d'arroser la rue et la place. Un maquisard porteur d'un bazooka tire depuis le jeu de boules. L'explosion qui s'ensuit fait taire la mitrailleuse. Les Allemands retraitent maintenant vers Marnaz. La tête du convoi est au contact des maquisards, sur Scionzier. Il est 8 heures et les Allemands sont de plus en plus nerveux. Cluses est libérée : il est un peu moins de 9 heures du matin, ce 18 août 1944.

Mais pour les F.F.I., la lutte n'est pas terminée. Le combat continue dans les bourgs de Marnaz et Scionzier, et ne cesse qu'avec l'anéantissement complet de la colonne nazie en retraite. Des maisons brûlent sur la route de Marnaz. Après de violents combats, la route est libre et le convoi allemand repart, toujours talonné par Mani et Frédéric. Les fuyards ne tardent pas à tomber sur la compagnie Jaillère, qui les prend violemment à partie vers Vougy. Le rapport de la compagnie précise : « *Un combat très*

Vue de la place de l'Hôtel-de-Ville le jour de la libération de Cluses, quelques instants après la fin des combats. (Archives municipales.)

*rapproché s'ensuit, qui tourne à notre avantage. Le convoi est en partie détruit et capturé. Les Allemands tentent de s'enfuir dans les bois qui bordent la route. Des patrouilles partent à leur poursuite et les ramènent par paquets. Cette action a coûté à l'ennemi dix tués et trente prisonniers… »* Tous les Allemands qui tentent de fuir sont soit tués ou blessés, soit faits prisonniers.

À Cluses, on fait les comptes. Les Allemands ont eu une soixantaine de morts et plusieurs blessés, 167 prisonniers dont tous les membres de la Gestapo locale et l'état-major de l'École d'horlogerie, avec à sa tête le capitaine Koler. Le butin est important, une dizaine de camions, deux canons de 75, des mortiers et deux mitrailleuses lourdes.

Mais la Résistance a chèrement payé la libération de la ville. Ainsi sont « morts pour la France » Michel Hohol, Pierre Grenat, André Brun, Francis Mauris-Demourioux, Raymond Da-Pon, Alfred Crettier, Henri Paturel et Laurent Lentz.

La voie est maintenant libre vers la basse vallée de l'Arve et le centre frontalier et ferroviaire d'Annemasse.

### La libération d'Annemasse, 18 août

Tandis que déjà des comités de libération se mettent en place de Vallorcine à Bonneville, de Saint-Gingolph à Machilly, les maquisards s'apprêtent à libérer Annemasse. L'encerclement de la ville est difficile car la frontière helvétique est difficilement contrôlable. Certains crient au scandale de voir trois Allemands – et non des moindres puisqu'il s'agit de Meyer, de la brute Meinsold et de Pinck, chauffeur du gestapiste – entrer en Suisse aux premières heures du jour. Mais ce qu'ils ignorent, c'est que cette fuite est le résultat du marchandage réussi par un homme remarquable, Jean Deffaugt, qui a échangé ces nazis contre tous les prisonniers du *Pax* et parmi eux le chef de la compagnie F.T.P. 93-03, André Allombert. Les hommes du 2/S.S. Polizei 19, qui avaient remplacé les S.S. du régiment Todt, et des douaniers cherchent à fuir, ce 18 août au matin. Mais le pourront-ils ?

L'action conjointe de la compagnie 93-03 F.T.P., de celle de Degenève la 93-24, de la compagnie A.S. de Genet, alias Ranguin, soit environ 300 hommes, permet un encerclement total, puis l'engagement des combats avec la soixantaine d'Allemands restés dans la ville et commandés par le premier lieutenant Klein, qui doit tenir pour permettre la fuite des autres. À 7 h 30, ceux qui sont devant les barrières de la frontière demandent à

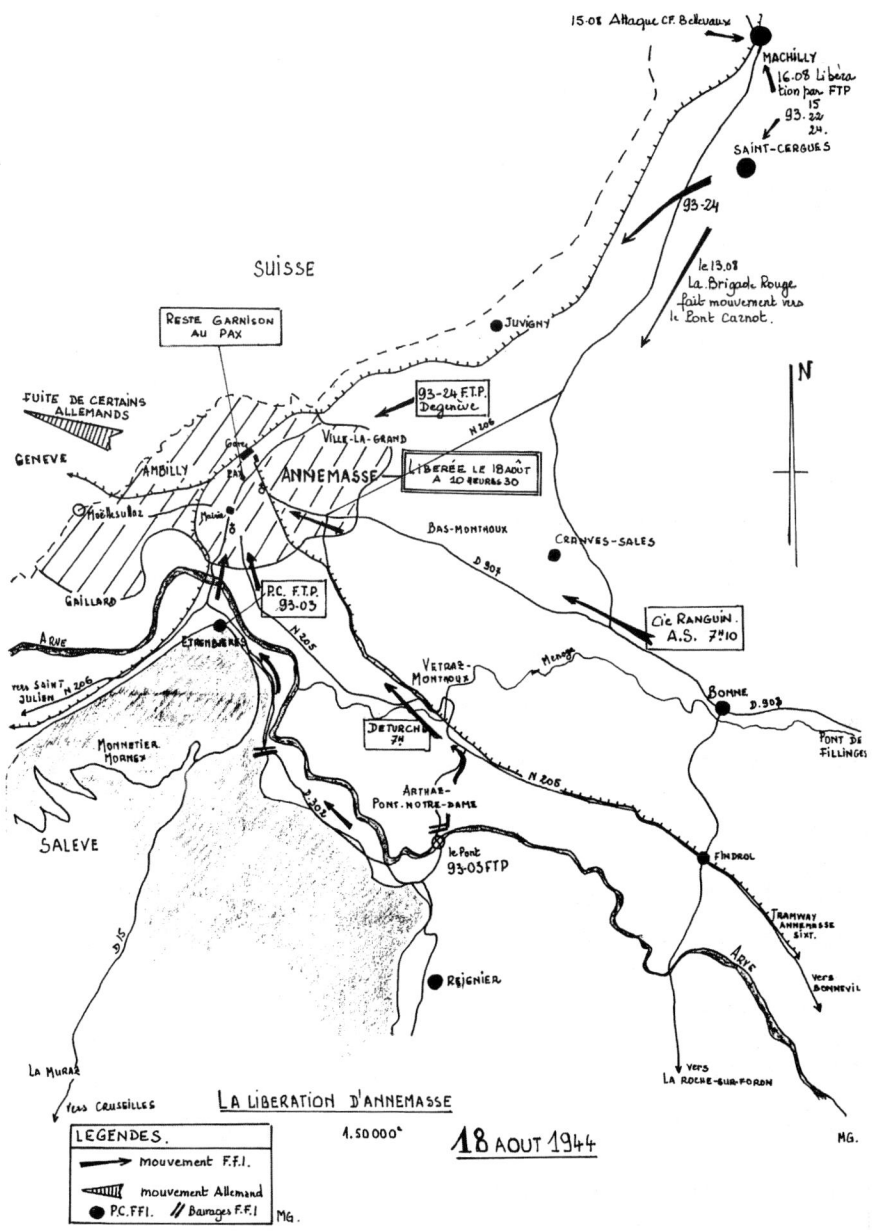

Carte générale montrant l'action conjointe des maquisards A.S. et F.T.P. pour mener les combats pour la libération d'Annemasse le 18 août 1944, après les libérations complètes du Chablais et de toute la vallée de l'Arve. (Doc. M. Germain.)

entrer en Suisse. La demande est acceptée et 150 Allemands environ sont internés en Suisse. La Confédération les rétrocédera à la France assez rapidement.

Pendant ce temps, on se bat dans les rues de la ville, en direction du *Pax* et de l'hôtel de France, où est cantonné l'ennemi. Finalement le lieutenant Klein accepte de se rendre. Mais les maquisards restent sceptiques. Témoin cette réponse à la Cambronne d'André Allombert à l'interprète Wichmann, alors au bout du fil de la mairie avec Jean Deffaugt.

Reddition sans condition : à dix heures et demie, les soldats et quelques collaborateurs, précédés d'un drapeau blanc, sortent du *Pax*, les bras en l'air. Le drapeau allemand est amené, immédiatement remplacé par le tricolore. L'ennemi est enfermé dans l'annexe du *Pax* où tant de patriotes ont souffert ; juste retour des choses. La ville est en liesse et le maire appelle au calme jusqu'à dix-huit heures pour la grande manifestation patriotique devant la mairie.

Très tôt le 18 août au matin, des Allemands demandent à entrer en Suisse. Après de longues tractations, ils seront autorisés à pénétrer dans la Confédération, qui les restituera comme prisonniers de guerre à la France quelque temps après. Notons cependant que les cadres de la Gestapo du *Pax* passeront en Suisse à la suite d'un marché passé entre Meyer et le maire Deffaugt, permettant la libération complète des prisonniers du *Pax*. (Coll. M. Germain.)

Le lieutenant F.F.I. Genet reçoit les armes de la garnison allemande, alors commandée par le capitaine Klein, devant le *Pax*. (Coll. M. Germain.)

À gauche avec le béret, le lieutenant F.F.I. Genet, alias Ranguin, chef des forces A.S. qui attaquèrent, aux côtés des F.T.P. d'André Allombert, la garnison d'Annemasse. (Coll. M. Germain.)

Quelques jours après la libération d'Annemasse, les populations virent arriver une jeep de l'armée américaine. En réalité il s'agit de journalistes accrédités auprès des armées alliées pour suivre les combats. Précisons que les troupes alliées ne participèrent nullement à la libération de la ville, pas plus qu'à celle du département. (Coll. M. Germain.)

Des maquisards F.F.I., après la libération d'Annemasse, défilent dans la ville. On les sent soucieux de montrer qu'ils sont de vrais soldats. (Coll. musée de Bonneville.)

Ça y est, c'est fini… Les Allemands se sont rendus et la foule envahit les rues d'Annemasse ce 18 août 1944 dans l'après-midi, le Comité de Libération de la ville ayant annoncé une fête pour le soir. (Coll. M. Germain.)

### Libération de Saint-Julien-en-Genevois

Il faut comprendre qu'ici, du fait de la frontière et de la « porte » de Fort-l'Écluse, les Allemands sont solidement implantés à Bossey, Étrembières, Saint-Julien-en-Genevois et à la douane de Perly, ainsi qu'à Viry et Valleiry.

Les forces unies des F.T.P. de Jacquard, alias Gros, et de l'A.S. de Pierre Ruche, alias Charles, se mettent en mouvement pour encercler le chef-lieu d'arrondissement, à proximité duquel passe la frontière avec la Suisse. La concertation entre les chefs F.F.I. est totale. Le « travail » est réparti : la compagnie A.S. de Marcel Fivel, le corps franc du Sappey et le corps franc Patrick ont en charge le secteur allant du virage des Velus, à Thairy, jus-

Les gars de l'Armée Secrète de Boëge se regroupent après les combats de la libération d'Annemasse. Ils cantonnent du 18 au 25 août à Monthoux. (Coll. René Dupraz.)

qu'à Étrembières. Les F.T.P. de Jaccard s'occupent de la zone occidentale, qui court de Songy au Pont-Carnot. La section de l'A.S. du Châble-Beaumont ferme, dès le 15 août, le pas de l'Échelle et cerne le château de Bossey. Une autre section doit attaquer Perly, et le reste doit s'emparer des cantonnements de Saint-Julien. Les gars de la Brigade rouge sont affectés à Valleiry. Les autres F.T.P., la 93-19, sont en place sur Viry. Le secteur est couvert par la compagnie A.S. de Maurice Lavorel, de Cruseilles, et la compagnie F.T.P. de Lacroix.

Le 16 à 5 heures du matin, les F.F.I. entrent dans Saint-Julien endormi, tandis que d'autres maquisards attaquent les postes allemands de Viry et de Valleiry. Les maquisards à Saint-Julien-en-Genevois attaquent l'hôtel de France, où cantonnent les Allemands. Guy Boucher trouve la mort, tout comme Gilbert Tapponnier, Léon Gay et Ugo Bocchio lors des combats de Valleiry. Là, tandis que la villa Chautemps brûle, les maquisards vainqueurs alignent les corps des 23 tués allemands.

À Perly, les Allemands finissent par se rendre, ayant deux tués et cinq prisonniers immédiatement emmenés à l'hôtel de France. Ils sont devenus des otages pour forcer leurs collègues à se rendre. C'est chose faite à cinq heures du soir : Saint-Julien-en-Genevois est libéré.

Photographie prise après la libération de Saint-Julien-en-Genevois. On reconnaît, avec le képi blanc, le lieutenant Breton. Quant à la jeep et au drapeau américain, il ne s'agit que de journalistes alliés, arrivés d'ailleurs là probablement par la Suisse, et non de troupes américaines. (Coll. M. Germain.)

Maquisards F.F.I. posant après la reddition allemande de Saint-Julien-en-Genevois obtenue le 16 août 1944 par l'action conjointe et concertée des maquisards A.S. du capitaine F.F.I. Ruche et des F.T.P. de Gros. (Coll. M. Germain.)

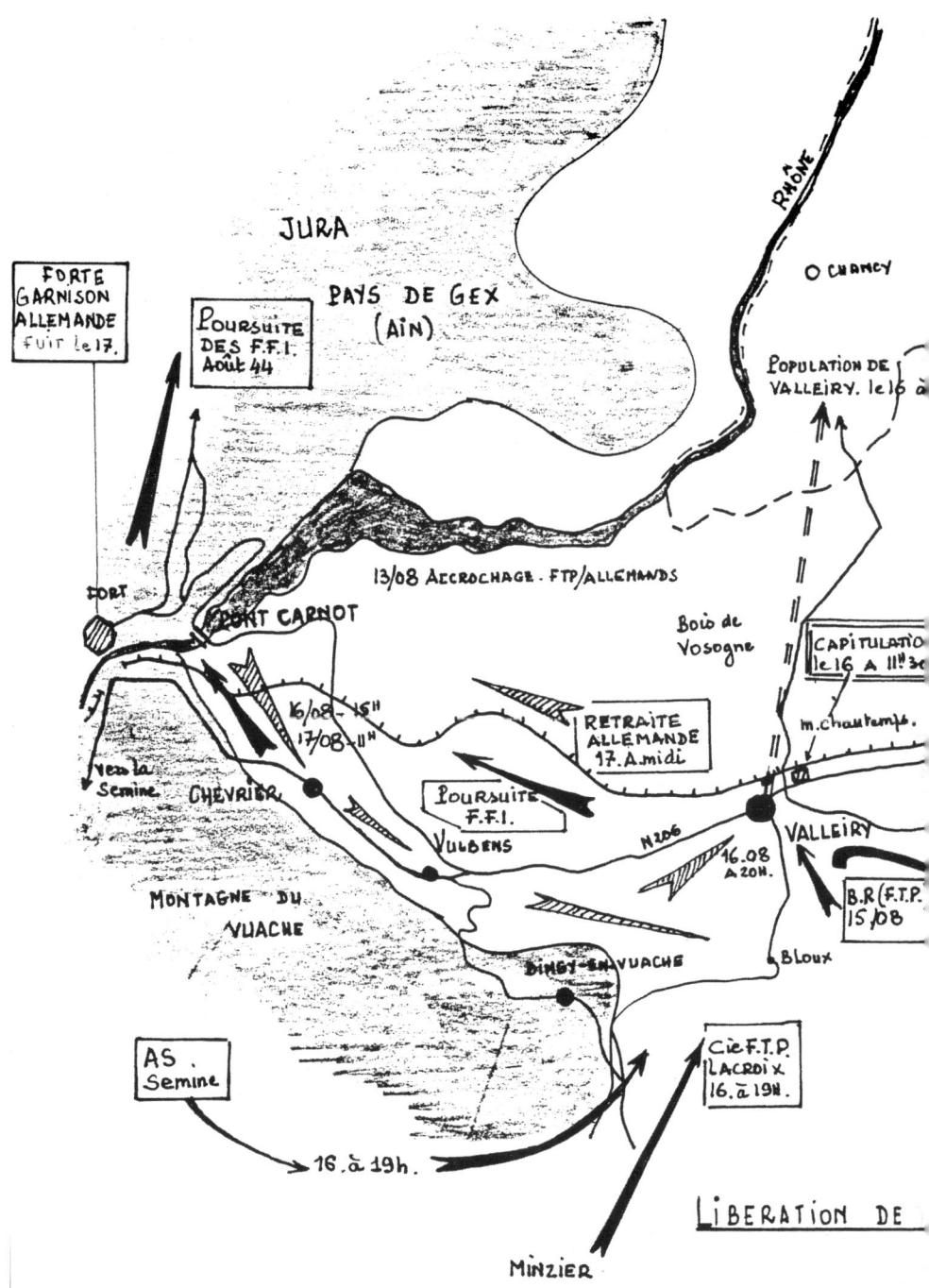

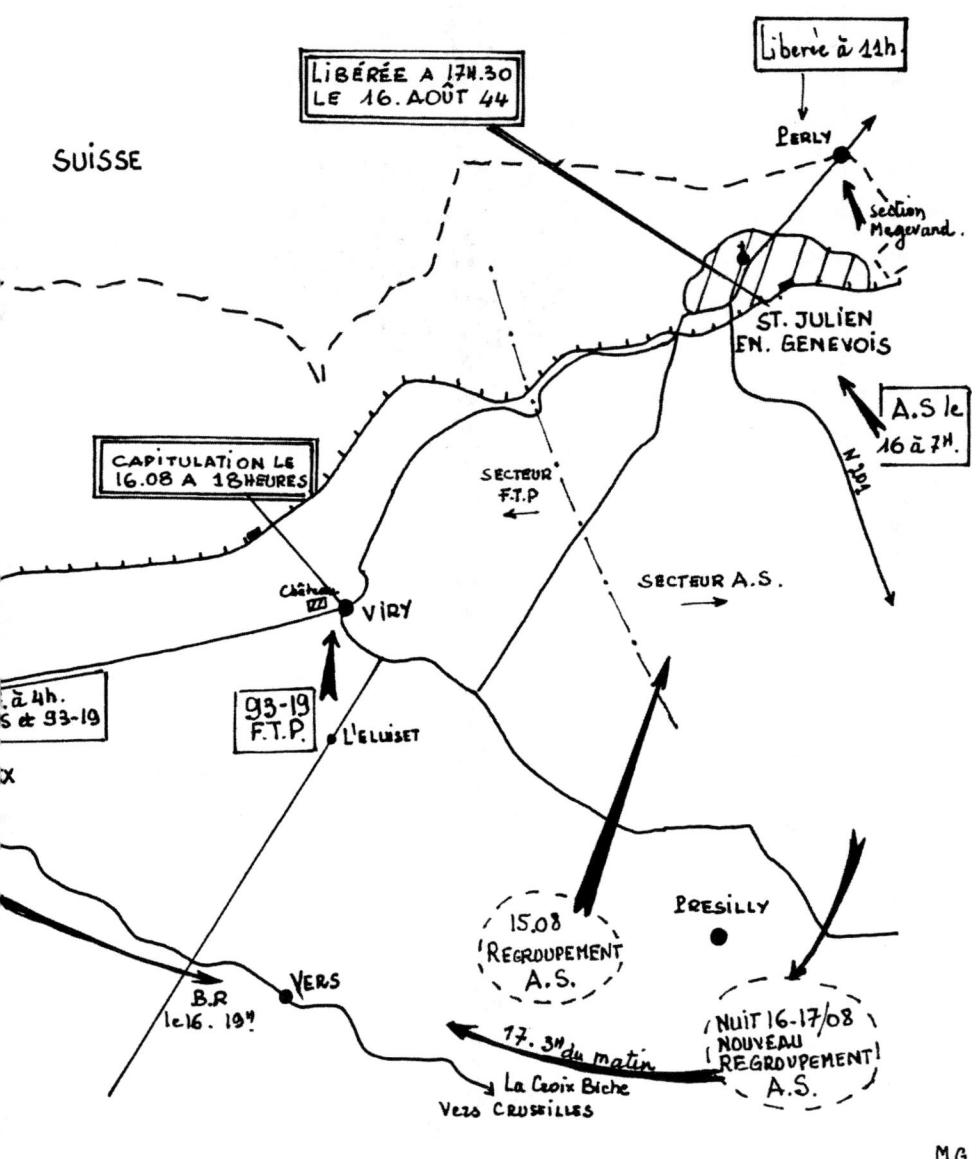

EN-EN-GENEVOIS — 16.AOUT 1944 —

La libération du « Bas-Genevois » ne fut guère aisée, car les Allemands étaient bien accrochés à Saint-Julien mais aussi à Bossey, Valleiry, etc., et il faudra de violents et longs combats pour obtenir cette libération. À Chevrier, on se souvient encore de l'incendie du village par les nazis. Cette carte d'ensemble de la région permet de comprendre les différentes phases de cette libération. (Doc. M. Germain.)

Maquisards en embuscade sur le Pont-Carnot le 18 août 1944. On reconnaît le lieutenant Breton. Au fond, on devine les structures du Fort-l'Écluse, tenu à ce moment-là par les Allemands. (Coll. M. Germain.)

On recommence l'opération des otages à Viry, ce qui entraîne rapidement la reddition des vingt-deux hommes de la garnison devant les F.T.P. Les combats continuent sur Bossey ; Jean Eusebio y trouve la mort. Finalement, c'est l'intervention du général Davet qui, promettant l'internement de la troupe allemande en Suisse, obtient la reddition de la garnison de Bossey.

On ne peut quitter l'avant-pays haut-savoyard sans mentionner le village martyr de Chevrier. Les Allemands, revenus par le Pont-Carnot le 16 au soir, incendient une quinzaine de maisons, tandis que les populations fuient vers la montagne ou la Suisse. Pour sa part, la horde barbare, composée de jeunes Waffen S.S. de dix-huit à vingt ans, descendue du Jura, continue son chemin ensanglanté vers Valleiry. Au passage, ils brûlent quinze autres maisons à Bloux, petit hameau à l'est de Dingy-en-Vuache. Les populations affolées fuient vers la Suisse ; la horde nazie pille et incendie avec une violence inouïe. Lors des combats que mènent les maquisards contre l'ennemi, Roger Haag et Chapoulade meurent. Non contents de « purifier » par le feu, ils fusillent Fernand Aeby, Julie Dérobert, Charles Junot, avant de se rendre à la gare où ils abattent, après l'avoir torturé, Patrice Phippaz-Turban, chef de gare, résistant, membre de Résistance-Fer depuis les débuts. Rappelons que son fils, Raymond, pris aux Glières, a été exécuté au Villaret près de Thônes, le 30 mars dernier.

Le lendemain, on retrouvera également le corps d'Auguste Delaunay, criblé de balles, dans un champ de Chenex. Il est mort les armes à la main.

Cela porte à quinze le nombre de morts de la journée, à l'heure où l'ennemi, la nuit tombant, se dilue entre les marais et les bois.

Ajoutons que les combats continueront ici, dans le secteur du Pont-Carnot, puis au-delà, dans l'Ain, après la libération du département, et des maquisards de Haute-Savoie trouveront la mort, comme Marius Cochet par exemple, chef de la compagnie F.T.P. 93-15.

# La libération d'Annecy, 19 août 1944

**Et à Annecy, pendant ce temps-là…**

Les maquisards de la 93-39 de Henri Blanc et un détachement A.S. sont en position dès le 17 août à Saint-Jorioz, sur la rive gauche du lac. Ils arrêtent, à son retour d'Annecy, le gestapiste d'origine suisse Gromm et sa maîtresse Marthe Koller, qui habitent le bourg. Ces deux prisonniers sont emmenés au Grand-Bornand, *via* Faverges, où ils sont fusillés quelques jours après la Libération.

Nous l'avons vu, la situation dans le département est de plus en plus critique pour l'occupant. Le colonel Mayer, chef de la garnison du département, à l'exception des S.S. placés sous le commandement direct de l'Hauptscharführer luxembourgeois Nicolas Lucien Fromes, apprend toutes ces mauvaises nouvelles qui tombent en cascade. Le tableau et le moral des troupes ne sont guère difficiles à décrire.

Les Allemands en garnison dans Annecy, plus du millier, écoutent avec attention Radio-Sottens et la B.B.C. Si le discours de la presse suisse a varié au cours du conflit, la radio suisse a toujours fait preuve d'impartialité au niveau de ses commentaires, pour peu qu'elle ait eu de bonnes informations.

Depuis plusieurs jours, l'éditorialiste René Payot donne des nouvelles de la situation en Haute-Savoie. Mayer peut ainsi mesurer, quotidiennement, l'avance des « terroristes » ou le recul de ses troupes, c'est selon.

Le vendredi 18 au matin, René Payot fait une description apocalyptique de la déroute nazie. Les bords du Léman sont nettoyés des

Allemands ; la vallée de l'Arve est libérée et de violents combats se déroulent dans Annemasse, autour de l'hôtel Pax. Des soldats allemands ont demandé à passer en Suisse…

René Payot se tait quelques instants, puis un communiqué de Radio-Sottens, de dernière minute, est lu sur les ondes de façon très solennelle :

« Le département de la Haute-Savoie est entièrement libéré, à l'exception d'Annecy, complètement encerclé par treize mille F.F.I. »

Petit à petit, à l'exception de la Gestapo dirigée par le S.S. Jeewe et de Fromes, l'idée de la reddition fait son chemin dans les esprits germaniques. Le major Eggers, arrivé à Annecy le 27 juillet 1944, essaie lui-même d'en établir les termes. Mais la garnison et son colonel ne peuvent se rendre sans que les résistants ne leur demandent. La Résistance a placé à la Kommandantur un interprète, Siegfried Lang. La chance veut également que dans cet état-major allemand se trouve le capitaine Sedlzaceck, très francophile. Les deux hommes se rencontrent souvent sur le Pâquier. Et un jour, l'officier allemand déclare que son « patron », à savoir le colonel Mayer, est prêt à se rendre, mais il ne peut le faire sans ultimatum. C'est, à partir de là, le commencement de la fin pour l'occupant. Le commandant F.F.I. Nizier, installé avec son propre état-major dans une maison du Bouchet au Grand-Bornand, en est informé…

Les rapports du S.R. permettent de connaître, d'une façon assez précise, les effectifs allemands cantonnés à Annecy. Il faut compter avec une forte compagnie de deux cent quatre-vingts hommes cantonnée à de Galbert, une soixantaine de S.S. à Saint-François, soixante-dix officiers disséminés dans la ville, dans différents hôtels, des fonctionnaires installés dans des bureaux, un important état-major, les policiers de la Gestapo et les Feldgendarmes, et de nombreux auxiliaires prêts à se battre, même si la plupart sont des « souris grises ». Il faut ajouter un fort contingent de soldats convalescents, mais armés, à l'instar de ceux de Chamonix, de Thonon ou d'Évian.

Les estimations les plus admises font état de mille deux cents hommes environ, sur lesquels Mayer peut compter, même si tous ne sont pas parfaitement opérationnels. Il sait que bon nombre d'entre eux lorgnent vers la Suisse.

Nizier ne sait toujours pas comment vont réagir les gestapistes et les S.S. Que fera la Milice ? Les collaborateurs se battront-ils avec les occupants ?

Quant aux effectifs maquisards sur lesquels Nizier peut compter, il en a vite fait le tour. Ils sont environ six cents hommes en armes, et plusieurs centaines de sédentaires annéciens sans fusil.

La compagnie Joubert, le corps franc départemental, les Évadés, viennent d'avoir trois jours de durs combats sur Balmont. La compagnie Forestier sort de violents accrochages. Les effectifs A.S. et F.T.P. des bords du lac sont occupés avec la Milice. La compagnie annécienne F.T.P., qui a durement été touchée par les nombreuses arrestations successives de ses chefs, est en position à l'ouest de la ville. Les unités qui se libèrent des combats de l'Arve ou du Chablais sont, pour certaines au repos, pour d'autres en route pour renforcer leurs camarades au contact, à Fort-l'Écluse. Des unités peuvent venir de Thônes, de la haute vallée de l'Arve ou de Megève.

L'état-major décide de mettre en place le dispositif sur Annecy le 19, l'attaque de la ville devant se faire le dimanche 20 août. Les agents de liaison partent à bicyclette à travers tout le département. On ne se souviendra jamais assez de ces jeunes filles qui ont pédalé des kilomètres pour transmettre un mot, un ordre et toujours au risque de leur vie.

Au Grand-Bornand, on attend. Pendant ce temps-là, Quino et la Milice…

### Reddition de la Milice

Gaston Jacquemin, premier chef de la Milice de Haute-Savoie, qui avait promis à son « patron » de recruter 1 200 miliciens en Haute-Savoie tellement il y avait de « bons Français » dans le département, a donc été tué en novembre 1943. Il a été remplacé par un dénommé Mathey, que les Annéciens ont peu vu, tant il trouve lui-même que la situation est difficile en Haute-Savoie. Assez rapidement, Vichy a nommé un chef que l'on veut à poigne. Yvan Barbaroux, originaire du Sud-Ouest, écrit à son supérieur lyonnais en mai 1944 que, malgré les opérations de police, les rafles, l'état de siège et les opérations sur Glières, la situation est pire qu'avant et que les terroristes sont de plus en plus nombreux et efficaces.

Cela ne s'est guère arrangé pour lui avec l'été, à Annecy. Il sait cependant qu'il peut compter sur trois cadres décidés à aller jusqu'au bout. Or ce sont justement ces cadres, des Haut-Savoyards originaires pour la plupart de la région annécienne, qui vont le lâcher.

Le 26 juillet dernier, lors d'une rafle germano-milicienne, le chef du secteur A.S. de Rumilly, Édouard Peccoud alias Quino, a été arrêté. Depuis, il est détenu au poste de commandement de la Milice, une magnifique villa aux Marquisats généreusement prêtée à la Milice par un industriel local.

Le vendredi 18 août en début d'après-midi, le chef résistant est sorti de son grenier-prison par le chef de centaine Jacques Chambaz. Il apprend que le 13 août, les familles des miliciens n'ont pu partir vers Lyon, le convoi ayant été attaqué à Balmont, et que les miliciens sont inquiets pour leurs épouses et leurs enfants. Il apprend également que les Allemands réclament les miliciens. Ceux-ci n'ont pas encore pris de décision.

Vendredi soir, 18 h 30, Chambaz fait revenir Quino, toujours dans sa chambre personnelle. Édouard Peccoud nous a donné un remarquable récit de cette reddition de la centaine milicienne et nous lui laissons bien volontiers la parole.

*« … Je suis surpris de l'accueil qui m'est fait. On me donne une chaise. Je comprends vite qu'il se passe quelque chose. Aussitôt installé, le chef fait partir les gardes et je reste en tête à tête avec lui. Il m'offre un verre, en me disant que je pourrais en avoir besoin. J'avoue que j'ai été long à comprendre, car il me témoignait tellement d'amitié que j'étais à ce moment très gêné et ne savais quelle contenance prendre. Au bout de dix à quinze minutes, il s'est décidé à me parler, très franchement, et je compris aussitôt qu'il n'était pas question de moi. Il m'expliqua […] qu'il me convoquait en ce moment pour me demander s'il ne serait pas possible de sauvegarder et de garantir la vie des femmes et des enfants. Je pris l'engagement aussitôt et lui proposai de faire porter une lettre à mon chef pour lui expliquer l'engagement que je venais de prendre.*

*« Alors, il se ravisa et me jura qu'il ne mettait pas ma parole en doute, mais qu'il craignait que les F.T.P. ne suivent en rien cet engagement. Il me demanda si je connaissais ceux-ci. Je lui répondis que oui et que j'étais capable de leur faire entendre raison si je pouvais aller les voir.*

*« Chambaz me fait alors la proposition suivante :*

*« "Si je vous donne deux heures de liberté, rentrerez-vous, même si vous devez être fusillé ?" »*

Quino donne sa parole et, peu avant vingt heures, il « respire l'air de la liberté, mais sans veste ni papiers », les miliciens craignant qu'il ne se fasse reprendre par les Allemands, ce qui anéantirait leur plan.

Le capitaine F.F.I. Quino, tombant à Sevrier sur un barrage tenu par les gars du corps franc Alpha, se fait connaître et emmener vers le chef de secteur A.S., le capitaine F.F.I. Jean Carqueix, alias Millau. Les deux amis se concertent, mais Quino doit faire vite, car il doit rentrer pour vingt-deux heures. Quino parti, Millau fonce en Simca 5 au Grand-Bornand, où se trouve le P.C. départemental et notamment le commandant A.S. Godard, alias Jean, qu'il informe de la situation. Celui-ci ordonne de « les ramasser tous, dans la mesure du possible ». Millau, dans la nuit, rentre à Faverges.

Quino est de retour, avec un peu d'avance, devant le poste de garde des Marquisats. Le chef Chambaz le voit immédiatement :

« Je dois vous dire, monsieur Peccoud, que j'ai beaucoup d'admiration pour vous, et en récompense de votre retour, je suis sur le point de vous faire libérer.

– Je vous remercie, mais je ne peux partir de là qu'avec la totalité des prisonniers, ou bien je subirai leur sort. »

La discussion entre ces deux irréductibles est très dure. La partie est serrée. C'est une véritable partie de bras de fer que Quino soutient, après un mois de détention. Aussi faut-il qu'il ait les nerfs solides. Au bout d'un moment :

« Vous êtes libres ! » lui annonce le chef de centaine.

Quino, malgré sa joie immense, montre une grande fermeté. Plus tard, il écrira : « *J'ai bien cru que mon cœur allait éclater, mais je me refusais d'aller ouvrir trop vite à mes camarades, car à ce moment mes vues étaient plus grandes et dans ces minutes, vraiment sérieuses, où nous discutions pied à pied, il me sembla que je pouvais enlever le morceau. M'estimant déjà libre, je devenais plus confiant et plus armé dans mes idées.* »

Quino pose alors la question aux trois chefs, réunis :

« Et vous, qu'allez-vous faire ? Quelle décision allez-vous prendre ?

– Pour nous, il n'y a qu'une solution possible. À 5 heures demain matin, nous partons en convoi, avec les Allemands.

– Croyez-vous faire un acte de Français en partant avec les Boches, surtout qu'ils ne passeront pas ? Ils seront tous tués. Ils tueront beaucoup de nos jeunes, qui eux ne voient que l'avenir de la France et le départ de nos ennemis.

– Ce n'est pas le moment de juger. C'est trop tard. Il ne faut pas revenir sur une parole donnée. »

Un autre milicien ajoute :

« Nous sommes dans l'obligation d'obéir. »

Quino se fâche, le prend de haut et Chambaz lui demande :

« Avant votre libération, il y a deux heures, étiez-vous en relation avec l'extérieur ?

– Non.

– Avez-vous reçu des ordres ? »

Le capitaine A.S. renouvelle ses assurances que personne n'est au courant de ces discussions et que seule sa conviction le pousse à discuter avec eux. La discussion dure depuis deux heures environ lorsqu'un franc-garde, faisant irruption dans la chambre, apporte un télégramme du commandant Nizier.

« *Chef F.F.I. à Milice, Annecy.*

« *Je m'engage à ne pas inquiéter les familles des miliciens, à conditions expresses que les quarante-deux otages soient remis à l'évêque d'Annecy. 18 août, 23 heures.* »

Les quarante-deux otages sont, bien entendu, les prisonniers détenus par la Milice aux Marquisats.

À minuit moins dix, le chef de centaine Chambaz et les chefs de trentaines Voisin et Montmasson font savoir à Quino qu'ils acceptent de rencontrer les chefs maquisards. Quino enfourche un vélo et fonce à Sevrier. Les premières minutes du samedi 19 août passent. Quino pense pouvoir organiser cette rencontre à une heure du matin à Saint-Jorioz. À une heure moins le quart, il est de retour aux Marquisats, où il annonce que tout est prêt et que les miliciens doivent partir à une heure précise. Quant à lui, il se rend à Sevrier où il les attendra au restaurant des Tonnelles. La voiture est à l'heure. Quino monte, et en route pour l'hôtel Cottet, à Saint-Jorioz ! Rappelons que la famille Cottet est une famille résistante qui a déjà accueilli des agents du S.O.E en 1943.

Pendant que Quino et les miliciens roulent, le capitaine F.F.I. Carqueix fait faire mouvement à sa compagnie, mettant en position des postes de garde dans le village et les environs. Le corps franc Alpha, de Henri Blanc, est en position sur les bords de la route. Le corps franc départemental descend, dans la nuit, du Grand-Bornand, où il avait pour mission la protection du P.C., pour se rendre dans le secteur de Saint-Jorioz. Raymond a fait habiller ses gars en miliciens : on ne sait jamais.

À la table du restaurant sont maintenant, face à face, les trois chefs miliciens et Quino, Millau et ses deux adjoints, Riotton et Favre. La discussion est animée, trop au goût de Quino. Millau, bouillant, passionné et déterminé, fait comprendre aux miliciens qu'ils doivent accepter ses conditions. La discussion s'éternise.

Dehors, le corps franc Raymond arrive en faisant beaucoup de bruit.

À 2 h 30 du matin, Quino et Raymond, accompagnés de Mataf et de

Carte générale de la région annécienne montrant l'encerclement du chef-lieu du département par les F.F.I. à partir du 18 août 1944. Les flèches montrent le déplacement de ces forces dans la matinée du 19. La garnison allemande capitule sans condition le samedi 19 août à dix heures du matin. (Doc. M. Germain.)

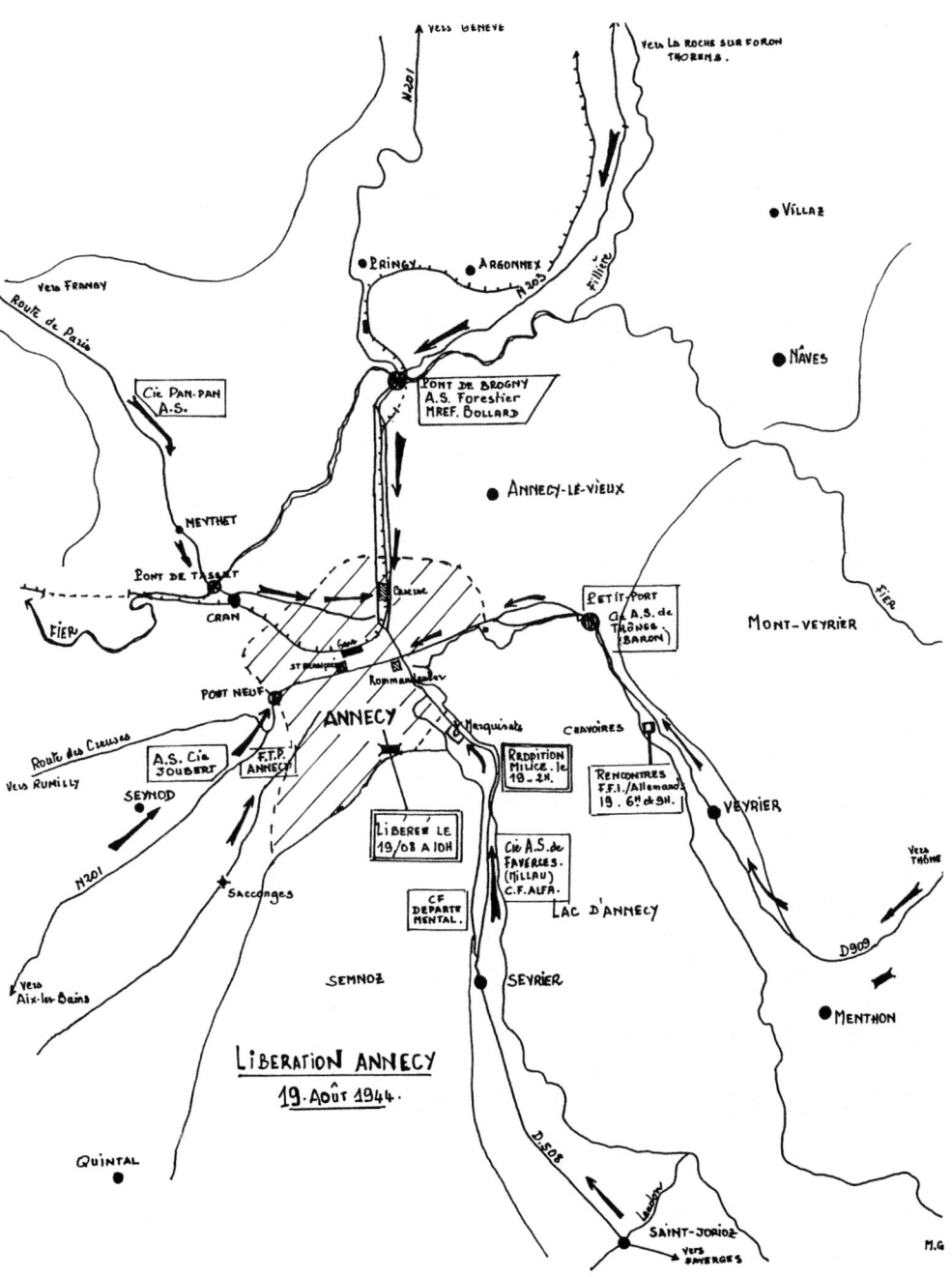

Moréné, dit Tibule, se rendent au siège de la Milice avec les trois chefs parlementaires, tandis que Michel fait prendre position au corps franc dans la carrière de la Puya.

Arrivés sur place, tous se retrouvent dans une vaste pièce, richement meublée avec du mobilier ancien, où les accueille le chef départemental, Yvan Barbaroux. Ce dernier a laissé faire des subordonnés, pensant qu'étant Haut-Savoyards ils auraient plus de chance de réussir dans leur entreprise. Quino obtient que les prisonniers soient libérés sur-le-champ. Puis, la conversation roule sur les opérations menées contre le maquis. Les maquisards demandent aux miliciens ce qu'ils comptent faire maintenant. L'heure de l'échéance approche et les collaborateurs zélés posent toujours la même question :

« Qu'allez-vous faire de nous ?

– Nous vous considérerons comme des prisonniers. Vous serez jugés. Nous ne pouvons pas vous promettre davantage. Vous nous jugez dans la légalité, vous serez jugés de même. »

Les quatre miliciens sortent dans le couloir pour se concerter. Finalement, ils acceptent la reddition, mais craignent des réactions de la part de certains francs-gardes, aussi demandent-ils au capitaine de leur parler.

Dans la cour sud sont rassemblés, dans la pénombre, une centaine de miliciens en uniforme, arborant la fourragère de gala. Sur le perron, Quino s'avance. Il est 4 heures du matin et les premières lueurs de l'aube commencent à rosir le ciel derrière la Tournette.

*« Me voici, à nouveau, transformé en orateur. Je ne cache pas que pour ce genre de travail, je ne suis pas doué, mais il semblait qu'une force me poussait en avant, et jamais je n'ai cherché les mots qu'il fallait. Ma langue marchait toute seule et j'en étais tout surpris moi-même. Les détails de mon discours, je les passe sous silence, mais jamais je n'ai vu des gens aussi intéressés, et lorsque j'eus fini, je leur demandai s'il y en avait, parmi eux, qui avaient des questions à me poser. Quelques-uns me demandèrent certaines choses, mais leur grande préoccupation était leur propre vie. Je leur garantis, et cela avec l'assentiment de Raymond, de la sauvegarder jusqu'au lieu de leur nouvelle résidence, et, pour prouver ma bonne volonté, je promis de leur laisser des armes : un revolver à tous les gradés. Ils acceptèrent cette proposition. Un grand pas était fait. »*

Il est 4 h 45, le temps presse. Les chefs semblent hésiter encore, puis Barbaroux dit :

« C'est fait ! »

Et Chambaz, qui en a gros sur le cœur, ajoute : « Nous sommes vos prisonniers. »

Le chef de centaine se souvient probablement à ce moment-là de sa rencontre avec l'avocat Charles Bosson, au début de l'année. Ce dernier lui avait dit :

« Vous vous êtes fourvoyé. Changez de camp pendant qu'il en est encore temps. »

Chambaz lui avait répondu :

« Je sais, je me suis peut-être trompé, mais vous avez tué mon copain et j'irai jusqu'au bout. »

En parlant de son copain, il faisait allusion à Gaston Jacquemin, abattu par le maquis, à Thônes, en novembre 1943.

Les miliciens seront désarmés à Saint-Jorioz. Seuls les officiers auront le droit de conserver leurs armes, sans munitions. Telles sont les directives du commandant Nizier. À ce moment, les miliciens sont donc considérés comme des prisonniers de guerre. Raymond et Quino ordonnent aux miliciens de préparer les camions et les voitures disponibles. Une dizaine de gars, dont Bernard Voisin, alias Bader, et Challamel, aux ordres de Millau, sont arrivés de Sevrier, montés sur quatre camions. Tandis que certains surveillent le chargement, Mataf ouvre les portes des cellules. « Je n'ai jamais été autant embrassé de ma vie », se souvient-il. Les libérés partent en camions. Dans la cour, certains miliciens proposent de s'allier aux maquisards pour combattre les Allemands. Mieux vaut tard que jamais !

À cinq heures et demie, le convoi s'ébranle. Les camions ne peuvent contenir tout le monde, et près d'une soixantaine de miliciens sont contraints, en colonne par un de chaque côté de la route, de prendre la position de défense de convoi. À certains qui demandent ce qu'ils doivent faire si les Allemands arrivent, Quino répond :

« Si vous vous battez, je vous considérerai comme des soldats. »

Maintenant, il fait jour et on ignore tout ce qui se trame sur l'autre rive du lac. On ignore ici que ce samedi 19 sera le dernier samedi d'occupation…

Les populations se rassemblent sur les bords de la route et le convoi arrive bientôt à Saint-Jorioz. Les maquisards ont fort à faire pour éviter les incidents et protéger leurs prisonniers.

Tous les francs-gardes sont fouillés et désarmés, un par un. La foule est de plus en plus menaçante. Des crachats, des quolibets, des injures et des pierres sont lancés à l'adresse des vaincus. Les gens veulent voir les visages de la défaite. Ils veulent participer à leur propre libération, même ceux qui attendent depuis quatre ans sans s'être manifestés. Les sentiments de cette foule sont flous. Certains sont heureux et sincères. Pour eux l'enfer va bientôt se terminer. Pour d'autres, la haine l'emporte. Cette Milice dont on a tellement eu peur n'est plus rien, que ces hommes désarmés, aux traits tirés. Pour beaucoup c'est la victoire, mais pour certains, c'est l'occasion de se dédouaner.

Millau, Raymond et Quino doivent exécuter les ordres. Les miliciens doivent parvenir au Grand-Bornand. La joie, l'allégresse et le délire collectif ne doivent pas faire oublier les lois, les règlements et la justice.

Deux incidents se produisent malgré les précautions prises par les responsables F.F.I., alors que l'on attend les camions pour grimper au Grand-Bornand. Deux jeunes miliciens, de dix-sept ans environ, sont abattus par le maquisard chargé de les garder. Un instant plus tard, le jeune Lambottin, vingt ans, mal fouillé, sort de ses bottes un pistolet 7,65 mm et demande, avec beaucoup de haine dans les yeux, au capitaine Quino, s'il consent à le lui laisser. Sans le quitter du regard, Quino acquiesce. *« Je dois dire que le moment était terrible, car j'ai cru qu'il allait me tirer dessus. Je continuais à le regarder dans les yeux. La distance qui nous séparait était de un mètre cinquante au maximum. Il porta son arme à la tempe droite et tira. Foudroyé, il tomba contre terre, à mes pieds. »*

Le chef de centaine, gardé à l'intérieur de l'hôtel Cottet avec les autres officiers, s'inquiète. Et lorsque Quino entre, il crie :

« Vous nous avez possédés ! »

Quino ne répond pas et ressort sur la place, avec les gendarmes qui dressent les procès-verbaux des deux affaires. À ce moment naît chez les miliciens le sentiment de s'être fait rouler. Sentiment qui va aller en grandissant dans les jours prochains et qui atteindra son paroxysme au moment du procès.

Le convoi roule maintenant vers Faverges, traversé alors que la foule menace. Les maquisards du corps franc départemental, qui escortent le convoi, doivent même tirer en l'air pour écarter les gens et protéger leurs prisonniers.

Enfin, en début d'après-midi, les 96 miliciens arrivent au Grand-Bornand. Ils sont immédiatement enfermés dans la salle des fêtes (aujourd'hui démolie), seule salle suffisamment grande dans ce village pour les recevoir tous. Le corps franc et des sédentaires A.S. sont chargés de leur surveillance, mais aussi de leur protection, car les nouvelles vont vite et des gens commencent à affluer ici pour régler des comptes.

Vers 16 heures, le corps franc quitte Le Grand-Bornand pour Annecy. Ainsi se termine la première phase de la fin de la centaine annécienne.

Tous arrêtés sans un coup de feu, grâce à la diplomatie agissante du capitaine Quino, ils attendent d'être jugés.

Mais revenons quelque peu en arrière.

**Vendredi 18 août, évasion à la prison d'Annecy**

On sait que vendredi matin, la Gestapo a donné l'ordre de fusiller encore à Vieugy, comme les *Schutzpolizei* du capitaine Krist l'avaient déjà fait les 15 et 18 juin, le 16 juillet et le 10 août, tuant quarante patriotes, tous « morts pour la France ». Mais cette fois les Allemands n'ont pu atteindre le champ de tir car les habitants ont, à la demande de la Résistance qui encercle la ville, fait sauter des arbres à Saccongcs et sur la route d'Aix-les-Bains. On ne sait pas combien de patriotes ont eu la vie sauve ce matin-là, mais ce que l'on sait, c'est qu'il y a dans le camion Amédée Folliet, curé de la paroisse des Fins, résistant arrêté par la Gestapo.

Retour à la maison d'arrêt départementale, rue Guillaume-Fichet.

Depuis plusieurs semaines, le commandant Montagard, le curé Folliet et quelques détenus organisent leur évasion. Une toile d'araignée est en place : des gardiens ont été soudoyés, grâce à quatre cent mille francs venus de l'extérieur.

Dehors, en effet, Négro, Chabert, Katy ou Gabriel sont autant de complicités sur lesquelles les prisonniers peuvent compter.

Il y a quelques jours, une inconnue s'était présentée au domicile de Katy Paccard et avait informé l'agent de liaison que les gardiens de la prison de la rue Guillaume-Fichet étaient prêts à se laisser acheter pour deux cent mille francs et deux costumes civils. Katy avait tenté de joindre Nizier en vain et elle avait décidé, de son propre chef, de puiser dans le trésor du maquis. De son côté Négro avait rassemblé deux autres cent mille francs donnés, comme les premiers, aux gardiens.

Vendredi, six heures du soir, après la soupe distribuée par Amédée Folliet et un autre détenu, les surveillants sont avertis que l'heure est venue de ficher le camp. L'aide de Manquat et de Roger Fontanel est précieuse. Montagard récupère les clefs des cellules des détenus politiques, tandis que Charles Drezet avertit Thônes que l'opération est en cours. Il est 20 heures et la nuit tombe.

Les cellules sont ouvertes et les détenus canalisés vers la grande porte. Les gardiens « allemands » sont anxieux. Peu avant 22 heures, tout le monde est rassemblé devant le portail. Tous, sauf Marcel Chappet, résistant A.S. surnommé Ben qui a connu la torture à l'Intendance et qui nous a laissé un émouvant témoignage. Les détenus de droit commun ne sont pas libérés.

Le commandant ouvre la porte, jette un coup d'œil discret dans la rue, et 72 détenus se font la belle, accompagnés de 3 gardiens en civil. L'abbé Folliet ouvre la route et le capitaine Petit, en compagnie de Manquat, ferme la marche. À l'intérieur, Marcel Chappet et le gardien de nuit, Roger Fontanel, enregistrent, sur le registre d'écrou, l'évasion de soixante-douze détenus de la Gestapo, à 21 h 45.

Les fuyards se glissent dans la nuit en direction du quartier du Parmelan. Ils ont rendez-vous au fameux transformateur de Sur-les-Bois (Annecy-le-Vieux). Trois jeunes, en fuite, se trouvent nez à nez avec Pornin, chef de la propagande à la Milice. Ce dernier leur ordonne de se rendre, mais les trois jeunes tentent de s'égailler dans la nature. Pornin dégaine et ouvre le feu. Pierre Butard, 22 ans, originaire de Monnetier-Mornex, est tué. Les deux autres sont contraints, sous la menace de l'arme, à suivre le milicien qui veut les conduire aux Marquisats. Mais le lieutenant de gendarmerie Coquet récupère les jeunes et les met à l'abri à la gendarmerie.

Tandis que les Allemands arrivent bruyamment rue Guillaume-Fichet, la Résistance récupère les ex-prisonniers, qui roulent maintenant vers Thônes. Ils seront planqués au hameau du Villaret, où en avril dernier la Gestapo a fait de nombreux martyrs.

Quant aux trois gardiens allemands en partance pour la Suisse, ils sont arrêtés par un groupe F.T.P. qui en profite pour récupérer les quatre cent mille francs. Ainsi va la vie…


### « Une folle nuit » ou les prémices de la libération d'Annecy

Ce vendredi 18 août, vers 19 heures, alors que Quino est avec les chefs miliciens, le capitaine Sedlazceck rencontre « fortuitement » Lang, sur les bords du lac. Il lui demande de faire une lettre pour le colonel Mayer et précise même ce qu'il faut écrire pour fléchir sa décision. Sedlazceck lui demande où en sont les contacts avec les chefs résistants.

Les deux hommes se quittent et Sedlazceck rentre à la Kommandantur, persuadé que le processus est en marche.

De son côté, Lang contacte Tati Delapierre, qui vient d'être libéré faute de preuve. Tati, informé, se met en relation avec Jean Garin.

Ce dénouement n'est que l'aboutissement, somme toute logique, de nombreux contacts soigneusement entretenus, d'un côté comme de l'autre. Ces contacts, devenus plus fréquents à partir de la seconde semaine d'août, permettent l'issue souhaitée par le capitaine. On ne sait pas si le major Eggers est mis dans la confidence, en tout cas il ne s'opposa jamais au processus.

Vendredi 18, au début de la nuit, la sonnerie du téléphone retentit au P.C. départemental des F.F.I. du Grand-Bornand. Le chef du service de renseignements F.F.I., le lieutenant Guillaume, décroche. C'est l'heure des rapports quotidiens. Au bout du fil, Lang lui fait part de sa conversation avec Sedlazceck. Le lieutenant n'en croit pas ses oreilles et appelle les autres officiers, réunis dans la pièce voisine. Cela risque de bouleverser les plans.

Lang continue :

« Pour que le colonel Mayer consente à se rendre, il est nécessaire que vous lui présentiez, rapidement, un ultimatum. Dans ce cas, on peut considérer comme certain que la reddition s'effectuera sans combat. »

Godard explose :

« C'est une histoire de fou ! »

Les autres ne comprennent pas très bien et restent muets. Mais ce ne peut être une plaisanterie, d'autant plus que Guillaume est persuadé d'avoir affaire à Lang.

Branle-bas de combat. Les suppositions vont bon train. Nizier, Cantinier, Godard, ne savent que penser, mais il faut prendre les choses au sérieux.

Pendant ce temps-là, à la villa Schmidt, le gestapiste S.S. Kämpf a compris. Ses espions à la Kommandantur lui ont appris la rencontre et les contacts de Garin-Peters avec Tati. Le gestapiste pense probablement qu'il aurait dû le faire fusiller, celui-là. Il connaît les intentions de Mayer et sent que la troupe ne se battra pas. Il sait que le gestapiste Gromm a été capturé. Il appelle sa maîtresse, Linette d'Albion, et, lui ayant expliqué la situation, ils décident de se supprimer. Après avoir tué sa compagne, Kämpf se suicide d'un coup de revolver. Il est vingt et une heures environ. Les corps seront découverts le lendemain matin.

Au Grand-Bornand, le P.C. est très agité. Guillaume a rejoint l'état-major. La secrétaire, Françoise, continue à questionner Siegfried Lang :

« Que font les S.S. ? Que fait la Gestapo ? L'état-major allemand est-il unanime ? »

On s'inquiète pour les prisonniers de l'occupant.

À ce moment-là, on ignore encore ce que décidera la Milice. On ne sait pas encore que les détenus ont réussi à quitter la prison d'Annecy. Les nouvelles se précipitent et les choses s'éclaircissent au fur et à mesure que la nuit avance.

À 22 h 15, Françoise prend le télégramme suivant :

« Commandant Nizier, chef des F.F.I., à colonel Mayer, chef Kommandantur Annecy.

« Maîtresses du département, mes troupes sont aux abords immédiats d'Annecy. Stop. Avant de passer à l'attaque de la ville, j'accepte de vous recevoir, demain matin à 7 heures, dans mon P.C. de Chavoire, commune de Veyrier-du-Lac. Stop. Vous pourrez vous rendre jusqu'à l'un de mes premiers barrages, où l'un de mes officiers vous conduira jusqu'à moi. Stop.

« Je m'engage naturellement à vous considérer comme plénipotentiaire et après cette conversation, vous pourrez rentrer sans encombre à Annecy. Stop.

« Prière accuser réception de ce message. Stop. Le 18 août, Commandant Nizier. »

À tout hasard, on rappelle le chiffre de treize mille soldats encerclant Annecy. Toujours par téléphone, on précise à Lang que les hostilités sont interrompues jusqu'à 10 heures du matin, 19 août. Le commandant sait qu'il joue gros

Maintenant, il faut faire vite. Nizier choisit la villa de la famille Fournier, à Chavoire, car il faut, selon lui, « un cadre digne à l'événement en gestation ». Des agents de liaison sont envoyés afin de rameuter rapidement des troupes autour d'Annecy.

Le chef départemental F.F.I., secondé par les commandants Godard (A.S.) et Augagneur (F.T.P.), met en place un véritable dispositif militaire pour prendre la ville – il l'espère, avec le moins d'effusion de sang possible. Il faut néanmoins savoir que les combats sont loin d'être terminés au nord-ouest du département, vers le Pont-Carnot, et que la Savoie et l'Ain sont toujours occupés. La situation n'est donc pas facile.

Louis Morel, alias Forestier, doit se porter sur le pont de Brogny. La compagnie de Thorens, forte de cent quatre-vingt-douze unités, est en position vers une heure du matin, sur le replat dominant le pont.

Lucien Mégevand, alias Pan-Pan, à Contamines-Sarzin, reçoit l'ordre de marcher sur le pont de Tasset. Ses troupes sont déjà à Meythet. Il les rejoindra à l'aube. Sur ces entrefaites arrive Jean. C'est un Autrichien qui commande la section de Polonais incorporés de force dans la Wehrmacht. Depuis quelque temps, jugé apte par le S.R., Xavier l'avait contacté. Aujourd'hui, il apporte de mauvaises nouvelles. Le S.S. Fromes n'a pas du tout l'intention de se rendre. Il a même contacté les officiers de la caserne de Galbert, afin d'organiser la résistance. Mayer n'est pas au courant. Pan-Pan décide de brusquer les choses et de foncer à Meythet. Il est un peu plus de trois heures du matin. Dans moins de sept heures, la messe sera dite…

Après les combats de Balmont, le capitaine F.F.I. Louis Jourdan, alias Joubert, et ses hommes ont coupé la route d'Aix-les-Bains et isolé le département tout en tenant la ville sur son flanc ouest. Les maquisards, environ cent cinquante fusils, sont sur la route des Creuses, sur celle d'Aix-les-Bains et sur celle de Vieugy.

Un kilomètre avant le Pont-Neuf, le capitaine F.T.P. Grand a disposé la 93-27, forte d'une cinquantaine d'unités. Elle devra entrer en ville à huit heures et demie.

Sur la rive gauche du lac, le capitaine A.S. Jean Carqueix, alias Millau, est en train de régler le problème de la Milice. Il exécutera l'ordre de mouvement dès que possible.

Jean Monnet, alias Baron, à Thônes, doit faire mouvement sur Chavoire, avec ses sédentaires de la vallée. Conformément aux ordres reçus, les hommes doivent se regrouper, à six heures du matin, à Veyrier-du-Lac. S'il manque à l'appel la section d'Eugène Vuillet, qui guerroie du côté de Bonneville, Michel, second du corps franc départemental, rétabli, est là. Dans la nuit, tout le monde campe à Dingy-Saint-Clair, puis, par le col de Bluffy, gagne Chavoire.

Des unités A.S. et F.T.P. sont informées d'avoir à se porter sur Annecy, ainsi les gars de Sallanches, de Cluses, et même de Chamonix.

**Chavoire, à l'aube, la « Villa Liberté »…**

Le commandant Nizier s'impatiente, en compagnie de l'officier interallié Jean Rosenthal, alias Cantinier, de Guillaume et d'autres officiers de son état-major. Les secrétaires font du café avec de la chicorée. Tout à coup, un télégramme arrive. Il est 1 h 10. Nizier le parcourt rapidement. Avec un sourire magnifique, il annonce :

« Messieurs, les Allemands acceptent de nous rencontrer. Écoutez :

Alors que les discussions se déroulent à l'intérieur de la villa, la foule de plus en plus nombreuse se rassemble autour du véhicule qui amena les Allemands à Chavoire, derrière un drapeau blanc. (A.D.H.S.)

« *"À Commandant Nizier, chef des F.F.I., Chavoire.*
« *"Sende Morgen früh 7 Uhr an die Sperre als meinen Vertreter Hauptman Sedlazceck, Begleiter Major Eggers - Mayer Oberst."* (J'envoie demain matin, à 7 heures, au barrage, mon représentant, le capitaine Sedlazceck, accompagné du major Eggers - Colonel Mayer.) »

Dans la joie, le commandant F.F.I. ordonne le départ pour Chavoire. Guiseppi, alias « le vieux soldat », officier de liaison de Nizier, range les maigres archives dans deux valises. Dehors, les moteurs tournent déjà.

Le samedi 19 août 1944, à six heures du matin, les plénipotentiaires allemands se rendent à la villa de la famille Fournier à Chavoire (Veyrier) pour discuter, croyaient-ils, les conditions de leur reddition. Très rapidement, ils comprendront que l'issue est la reddition pure et simple. En uniforme blanc, on reconnaît le major Eggers ; de face, le commandant F.T.P. Augagneur, alias Grand ; saluant, le capitaine Sedlazceck, un des « responsables » avec Siegfried Lang de cette rencontre, et, derrière lui, le commandant Joseph Lambroschini, alias Nizier, chef des F.F.I. (Photo R. Périllat.)

Samedi 19 août, six heures du matin, au pied des escaliers de la villa Fournier, baptisée aujourd'hui la *Villa Liberté* à Chavoire (Veyrier). On reconnaît sur le balcon les secrétaires et agents de liaison de l'état-major des F.F.I. (Photo R. Périllat.)

Petit hameau de Veyrier, Chavoire est situé à quatre kilomètres d'Annecy. Le site est splendide, de l'aveu même du major Eggers, qui durant les discussions ne cessera de regarder par la fenêtre le lac argenté. C'est là que la famille Fournier, famille de commerçants annéciens mais surtout de résistants, possède une villa au bord du lac, villa baptisée depuis *Villa Liberté*. Marcel Fournier sera, après la guerre, dans les années soixante, le fondateur des hypermarchés Carrefour.

Chavoire dort. Il est quatre heures du matin lorsqu'une estafette réveille les occupants de la villa et les informe de l'arrivée de tout l'état-major F.F.I., qui doit recevoir dans quelques heures des envoyés allemands. On s'affaire, on fignole pour que tout soit prêt.

Vers 6 heures, les premiers hommes de la compagnie Baron arrivent. Un barrage est mis en place à Annecy-le-Vieux au Petit Port, tandis que les gars s'échelonnent en position le long de la route. Michel regarde l'étendard nazi à croix gammée qui flotte sur l'*Impérial*. « On va bientôt le descendre », pense-t-il.

L'état-major F.F.I. stoppe devant la villa Fournier. Nizier a appris, avant de partir, que la Milice s'était rendue et qu'elle est en route pour Saint-Jorioz. Raymond Périllat, rescapé des Glières, à qui l'on doit un très grand nombre de photographies des Glières et même un film en 9 mm du grand parachutage, photographe de métier, immortalise sur la pellicule ces instants historiques emplis de bonheur et d'espoir.

Veyrier, le samedi 19 août 1944 peu avant six heures du matin. Malgré l'heure matinale, des Veyrolaines et des Veyrolains, informés on ne sait comment, sont dans la montée de Chavoire pour accueillir les chefs maquisards qui attendent les plénipotentiaires allemands. On reconnaît, tout sourires, Joseph Lambroschini, alias Nizier, qui entrevoit à ce moment-là la fin du cauchemar. Comme il me l'a confirmé, c'est lui qui a choisi la villa car « il voulait un site grandiose à la reddition des Allemands » et la famille Fournier « trempait » dans la Résistance sans restriction. (Photo R. Périllat.)

6 h 55. Une voiture verte de la Wehrmacht, portant un drapeau blanc fixé à la calandre, arrive vers l'hôtel des Muses, à la sortie du hameau d'Albigny (la route du bord du lac est en construction). Le commandant Godard, descendu de la villa Fournier, prend le lieutenant Monnet au passage et tous deux se rendent au-devant des plénipotentiaires allemands. Leur voiture est stoppée. Le major Eggers, portant la vareuse blanche de la tenue d'été et monocle, descend. Les officiers allemands ont du mal à dissimuler leur inquiétude. Ils saluent l'uniforme du capitaine Jean, mais ils hésitent devant ce « terroriste » en short qu'est Baron. Les deux Allemands se présentent :

« Capitaine Sedlazceck, plénipotentiaire, et major Eggers, observateur désigné.

– Capitaine Jean, lieutenant Baron », répondent les deux Français.

Jean grimpe sur le marchepied et guide le véhicule jusqu'à la villa Fournier. Baron retrouve ses gars :

« Je les instruis rapidement de ce qui se passe. Et alors je discerne en eux des sentiments bien contradictoires : d'une part la joie de cette victoire rapide et brillante, sans effusion de sang, sans destruction du cher Annecy, et, d'autre part, plus forte encore, l'immense déception d'être privé du vif engagement, du beau baroud sur lequel ils comptaient… »

La voiture militaire s'arrête devant la grille. De l'autre côté de la route, malgré l'heure matinale, de nombreux habitants se pressent. On ne veut rien rater de l'événement. Le service d'ordre du lieutenant Pao rend les honneurs, et le capitaine Jean introduit les Allemands.

Dans la maison, les plénipotentiaires « endimanchés » – le major Eggers précisera, lors de son interrogatoire, qu'il avait revêtu la tenue d'apparat – rencontrent le commandant Nizier, chef départemental des F.F.I., le capitaine Grand, chef départemental des F.T.P., le capitaine Jean, chef départemental de l'A.S., le chef du 2$^e$ bureau et le lieutenant Francis, son adjoint, le lieutenant Guillaume, chef du S.R., le capitaine Cantinier, dont la présentation aux Allemands est très solennelle : « Officier de liaison parachuté, de l'état-major du général Koenig », le capitaine Niveau, de son vrai nom Léon Ball, déjà vu au Fayet, le capitaine Guiseppi, le lieutenant Marchall, officier de liaison F.F.I., Georges Guidollet, alias Ostier, président du Comité départemental de Libération, et mademoiselle Zette, secrétaire du commandant.

Treize personnes sont ainsi assises autour de la table de la salle à manger. Treize personnes pour mettre fin à presque un an d'occupation allemande. Il est 7 h 05, il fait beau. Le soleil inonde doucement de sa lumière pâle le lac. Et les pourparlers commencent.

Le capitaine Sedlazceck, qui n'est pas totalement dupe, demande à connaître les conditions de la reddition. Le commandant Nizier lui répond :

« Nous n'avons pas l'intention de discuter. C'est une reddition sans condition que nous exigeons, avec armement, parc et intendance intacts. »

Nizier ajoute qu'il exige la remise en liberté immédiate de tous les prisonniers détenus par l'occupant. Les civils allemands seront internés. Les femmes seront réunies à l'hôpital, à l'exception des femmes françaises ayant travaillé pour la Gestapo.

Ceux qui ont maintes fois bafoué la Convention de Genève demandent maintenant qu'elle leur soit scrupuleusement appliquée. Sedlazceck demande des garanties, qui lui sont accordées :

1. Les officiers garderont leur ceinturon, insignes et bagages.

2. Les troupes seront protégées des excès possibles de la population. La troupe, désarmée, sera gardée dans des bâtiments militaires. Les officiers

Après la reddition des Allemands à la Kommandantur le 19 août à dix heures, les maquisards de Monnet, alias Baron, de la vallée de Thônes, qui n'étaient pas aux combats de Balmont et qui étaient restées en protection de l'état-major, arrivent par l'avenue d'Albigny place du Théâtre à Annecy. (Coll. M. Germain.)

Les maquisards de l'Armée Secrète de Faverges, aux ordres du capitaine F.F.I. chef du secteur Jean Carqueix, alias Millau, sont en position dès le 18 août à la Puya sur la route d'en haut. (Coll. M. Germain.)

logeront dans un hôtel. Les malades et les blessés seront soignés par des médecins allemands.

En contrepartie, le commandant Nizier informe ses interlocuteurs que les prisonniers resteront à Annecy, et ce afin d'éviter tout bombardement de la ville par la Luftwaffe qui pourrait être tentée d'exercer des représailles. Le commandant est désigné comme officier de liaison avec les Allemands.

Il est également convenu que les F.F.I. se réservent le droit d'intervenir contre la Gestapo, si elle résiste, et que, dans ce cas-là, la Wehrmacht ne pourra être tenue pour responsable.

« Mais qui me garantit… commence Sedlazceck.

– La parole d'un officier français ! interrompt le commandant Nizier. Nous vous rappelons que l'armistice se termine à dix heures.

– Est-il exact que vous soyez si nombreux que l'a dit la radio suisse ?

– Si cela n'était, seriez-vous ici ? »

Après ces échanges de politesse, le capitaine et le major Eggers regagnent leur limousine. Il est plus de 8 h 30 et ici, à Chavoire, on ignore ce qui se passe à l'ouest de la ville.

Depuis plus d'une heure déjà, un drap de lit, blanc, orne les chevaux de frise de l'école des Fins, cantonnement allemand. Des témoins affirment même que les soldats ont déposé les armes et leurs casques contre le mur d'enceinte de l'école et attendent les événements.


### La compagnie Pan-Pan au nord-ouest de la ville

Les liaisons ne sont pas aisées entre les différents groupes maquisards qui progressent autour d'Annecy et l'état-major F.F.I. Faut-il rappeler que personne n'a de radio – et je me permettrai de préciser aux jeunes que les portables n'existaient pas, pas plus que les cabines téléphoniques au coin des rues. Cependant les maquisards sont tenus au courant, surtout ceux qui sont les plus proches du centre-ville. Sans radio, sans téléphone, il faut avoir, pour faire de la résistance, de bons mollets ou ne pas voir peur de pédaler des heures durant.

5 h 30. Réunion à Gillon, au nord de Meythet, de Pan-Pan et de tous les cadres de la compagnie, Jo Buchet, rescapé des Glières, Maréchal, Pallud, Métrat, Barmasse, Campana et Jean, le Polonais.

Pan-Pan leur expose la situation : Nizier va discuter avec les Allemands, mais Fromes ne veut pas baisser les armes et s'apprête à résister. Il faut neutraliser la garnison du quartier de Galbert avant l'arrivée des S.S. La décision est prise de passer à l'offensive, malgré la trêve. L'indépendance relative de Pan-Pan, chef départemental du S.A.P. (Service atterrissages et parachutages) et chef de secteur après l'arrestation d'Édouard Peccoud, le lui permet.

À 6 heures du matin, le pont de Tassey est investi. Pas d'Allemands. Une quinzaine de verts-de-gris avec mitrailleuses et F.M. sont installés devant l'école primaire de Cran. Pan-Pan envoie un maquisard parlementer avec eux.

Une trentaine d'Espagnols arrive sur les coteaux de Gevrier. Ils sont chargés de progresser au-delà du Thiou, à travers la papeterie Aussedat, les jardins et la filature. Sur la gauche de la route, deux sections contourneront les Forges, tandis que le gros de la compagnie, aux ordres de Lucien Mégevand, avancera rue de la République. Tout s'accélère. Il est 7 heures et le barrage allemand se rend sans combattre. Pan-Pan, depuis la veille, a envoyé des « espions » dans la ville. Des gars du maquis, en civil et discrètement armés, sont déjà aux portes de la caserne de Galbert et le renseignent sur la situation. Ici, tout est clair et le groupe Pan-Pan fonce à travers Cran. Par la rue principale, les jardins, par les quartiers des Îles et des Romains, les F.F.I., grenade à la ceinture et sacs de cartouches et de chargeurs F.M. en bandoulière, déferlent vers la caserne. Bientôt, Jo et ses gars pénètrent dans la caserne même, il est 8 heures du matin. À Chavoire, on ignore cela.

Quelques F.T.P. arrivent à leur tour. Les grilles sont grandes ouvertes et l'ensemble des F.F.I. peut maintenant s'engouffrer à l'intérieur. Le premier Allemand sorti est l'armurier. Il offre son revolver à Jo. Il a une cinquantaine d'années et a bien compris qu'il était inutile de se battre. Jo l'accepte et lance ses ordres.

Le drapeau nazi est amené. Des soldats sont placés sur les murs d'enceinte. Coco et Fatmi, armés de leurs F.M., gardent la porte d'entrée du quartier.

Les prisonniers allemands sortent dans la cour d'honneur. Ils ont l'air abattu des vaincus. La plupart n'ont pas dormi de la nuit, attendant les « terroristes ». On leur a tellement parlé de la barbarie de ces monstres rebelles qu'ils s'attendent au pire. L'inquiétude et le désarroi se lisent sur leurs visages d'adolescents. Des femmes sortent des baraquements. Les hommes sont regroupés dans les immenses chambrées, assis par terre, les mains sur la tête.

Robert Poirson, alias Roby, chef du secteur A.S. d'Annecy, arrive à la caserne avec Garin, Charles Delapierre, dit Tati, Bébert et quelques autres.

Il est huit heures et demie, et tout est terminé. On installe sur le trottoir, face à l'entrée de la caserne, un canon de 77 court, car les F.F.I. pensent toujours à Fromes et à ses S.S.

Par précaution, Pan-Pan a disposé, place Carnot, un poste de garde afin de surveiller les mouvements ennemis et donner l'alerte.

C'est alors que se produit le seul véritable incident grave de la libération de la ville.

Une grosse voiture noire décapotée, immatriculée 3861 PG 1, arrive sur la place Carnot. À son bord, quatre S.S. Ils viennent de leur Q.G. de Saint-François. La limousine ralentit et s'arrête devant le barrage. Le S.S. Fromes annonce qu'ils vont à la caserne, comme il a été convenu par la convention de capitulation, pour se rendre.

Or, il est à peine 9 heures, et la reddition n'a pas encore été signée. Mais Fromes, individu fourbe et rusé, sait probablement déjà que Mayer est décidé à capituler. Il se montre plein de gentillesse et d'assurance en-

Le commandant F.F.I. chef des troupes de l'Armée Secrète de Haute-Savoie, Yves Godard, pose pour le journaliste Carteron devant l'entrée de la Kommandantur, samedi matin après la reddition des Allemands. La grande majorité de ces photographies serviront au journal lyonnais et collaborateur *Le Nouvelliste* pour publier un cahier spécial sur la libération de la ville. Ces documents sont actuellement aux archives départementales de la Haute-Savoie. (A.D.H.S.)

Alors que le colonel Mayer, chef du 888e *Verbindungstab* (unité d'occupation de la Haute-Savoie) capitule sous les ors du *Splendid* transformé en Kommandantur, quatre S.S. – dont le chef de tous les *Schutzstaffeln* du département, le Luxembourgeois Nicolas Fromes –, refusant cette capitulation, tentent de venir retourner les soldats prisonniers au quartier de Galbert. Ouvrant le feu sur les maquisards qui gardent l'entrée, Fromes est lui-même abattu ainsi que ses trois acolytes. Des balles perdues tuent deux maquisards (Sonnerat et Béné) qui se trouvaient dans le jardin de la maison d'en face. Ce sont les seuls morts de la libération d'Annecy. (A.D.H.S.)

vers les maquisards, qui acquiescent et laissent partir la voiture sans la fouiller.

Bientôt la voiture arrive devant le portail, fermé, de la caserne. Pan-Pan reconnaît immédiatement Fromes, avec qui il a déjà eu maille à partir :

« Je sors mon colt et m'avance vers l'automobile. Elle s'arrête à vingt centimètres de moi. Les quatre occupants lèvent les bras, mais Fromes, qui a son colt 45 à la main, est plus rapide que moi. Il me décharge son arme dans le corps. »

Le chef résistant s'écroule, grièvement blessé à l'aine. À quelques mètres, le fidèle Fatmi, réagissant avec promptitude, décharge son F.M. sur les occupants du véhicule, qui s'écroulent sur les sièges dans une mare de sang. Deux S.S. basculent morts sur la chaussée. Dans la cour de la caserne, des prisonniers, se précipitant pour récupérer leurs armes, sont refoulés dans les baraques. La rafale de F.M. a également tué deux sédentaires de l'A.S., Sonnerat et Béné, qui se trouvaient devant la maison Maillet.

Titin tire une seconde rafale sur deux S.S. qui bougent encore. Fatmi, des larmes dans ses grands yeux noirs, se dirige vers son chef. Sa chevelure noire en broussaille, il se penche sur Pan-Pan qui respire encore. Fatmi esquisse un sourire vers le chef bien-aimé.

Une balle a traversé le biceps, une autre a sectionné l'artère fémorale. Le jeune docteur Vuagnat, de Tegeires, fait immédiatement un garrot. On transporte Pan-Pan en face de la caserne, chez le docteur Thomas. Celui-ci fait quelques piqûres au blessé, qui sera évacué sur l'hôpital de Saint-Julien, où il sera opéré et sauvé par les docteurs Palluel et Romand. Mais avant de partir, Pan-Pan veut interroger Fromes, qui n'est pas encore mort. Il veut connaître quelles étaient ses intentions. Le S.S. parle lentement. Il était venu à la caserne organiser la résistance.

« Je n'avais rien à perdre, sinon la vie... » répond le S.S. mourant.

Il semble en effet que Fromes, grièvement blessé, soit mort plus tard. Un S.S. survivra et restera paralysé. Les cinq hommes morts ce matin-là seront les seules victimes, ou presque, de la libération d'Annecy. Ce sera le seul incident sanglant de cette journée historique.

Tout autour de la ville, les F.F.I. progressent.

À 8 heures, l'ordre de marche parvient au capitaine Forestier, en place au pont de Brogny. Aux avant-postes, la section des Évadés de Lulu Bollard descend en tirailleurs l'avenue de Genève. En arrière avance la section Duchêne. Puis vient le reste de la compagnie, aux ordres du capitaine Forestier.

À 9 heures, les Évadés sont à l'angle du quartier de Galbert et de la rue des Alpins pour assister à la fusillade des S.S. Passée la première émotion, les gars de Lulu continuent leur route vers la place Carnot. En passant de-

---

Libération de l'école Saint-François à Annecy. Les cellules vides, on découvrira des graffitis sur les briques ou gravés sur les planches, dus, entre autres, au révérend père Favre fusillé à Vieugy.

« Pourquoi se plaindre, on aurait pu être arrêté deux ans plus tôt. »

Soir d'alerte !
Ce n'était que le vol des oiseaux de passage
Dans mon ciel, un instant, ils ont dû s'égarer,
Porteurs mystérieux d'un éternel message.
Ils repassent toujours, sans jamais se poser. 1er mai.

Le révérend père Favre donne également des nouvelles du lieutenant Bastian, arrêté et fusillé à Alex. Il parle également des départs pour l'Allemagne. (A.D.H.S.)

Soldats allemands prisonniers regroupés devant la Kommandantur à Annecy. Le poste de commandement de l'armée allemande était installé quai Eustache-Chappuis dans l'hôtel Splendid. Il était fréquent de voir l'occupant siroter le Martini ou tout autre apéritif à la terrasse. Les soldats de la photographie n'ont pas l'air très malheureux, ils donnent même l'impression d'être soulagés. Certains, plusieurs semaines avant la fin, cherchaient à se procurer des vêtements civils français ainsi que des cartes de la frontière suisse. (A.D.H.S.)

Le colonel Mayer commandant le 888e *Verbindungstab*, troupes d'occupation de la Haute-Savoie, mais aussi commandant tous les hommes en uniforme dans le département, a été arrêté. On le voit ici encadré par un gendarme assez décontracté et un maquisard qui demande à la foule de s'écarter. Le mur de droite est celui de la poste centrale. Le colonel est gardé à vue dans son hôtel du Carlton. (A.D.H.S.)

vant l'infirmerie de la caserne, un Allemand, bien planqué, ouvre le feu. Fernand Bonzi répond avec son F.M. L'Allemand est littéralement coupé en deux et bascule derrière le mur d'enceinte. L'Intendance est vide, mais personne n'entre, sinon les pigeons voyageurs de l'armée, car les lieux sont certainement minés.

À l'arrière, la compagnie de Thorens ratisse le quartier, visite toutes les maisons et débusque quelques tireurs isolés qui opèrent depuis les toits. Forestier investit le quartier, relevant les hommes de Pan-Pan. Duchêne et ses gars parviennent au lycée Berthollet.

Comme convenu, la compagnie A.S. de Joubert se met en marche, à huit heures et demie. Une heure plus tard, le gros de la troupe franchit le Pont-Neuf et prend position sur la route et les quartiers avoisinants.

Les gars de Thônes ratissent l'ouest de la ville. Si, pour tout le monde, c'est l'euphorie, pour Joubert, c'est surtout une grosse grippe, attrapée du côté de Balmont alors qu'il roulait à moto, tout en sueur.

Vers 10 heures, une estafette apporte l'ordre de se rendre à la Kommandantur. Joubert, officier rescapé des Glières, vient participer à la reddition. Alors qu'il se présente à l'entrée, avec le commandant Jean, « des maquisards de la veille veulent nous empêcher de passer. Ils sont bien reçus par Godard. La ville s'est remplie de résistants, alors que quelques semaines avant, c'était un gros problème pour trouver à se planquer, un jour de rafle. » Loin de jeter la pierre – ce n'est ni notre rôle ni notre envie –, nous dirons simplement que la Résistance, la vraie, doit séparer le bon grain de l'ivraie et exclure les « résistants de septembre » comme on les a baptisés par ici.

Pendant ce temps-là, André Fumex, alias d'Artagnan, rescapé des Glières, qui a reçu l'ordre de son capitaine Joubert de régler tous les problèmes d'intendance sur place à Thônes, s'acquitte de sa tâche en espérant pouvoir descendre rapidement à Annecy. André, un jour, sera maire d'Annecy et conseiller général.

Pendant ce temps, les F.T.P. de la 93-27, en poste près du passage à niveau du Pont-Neuf, se sont mis en mouvement. Le capitaine Grand, qui a quitté l'état-major, vient contrôler la mise en place du dispositif. Il parcourt l'avenue de Chambéry, sans trouver trace des cinquante F.T.P. Ceux-ci se sont déjà répandus dans les quartiers de la Croix-Rouge, des Balmettes et de Loverchy. Certains éléments avancés de la 93-27 marchent sur Saint-François.

L'école Saint-François n'est plus une école depuis que les nazis ont décidé d'en faire une garnison pour *Schutzstaffeln* et une prison pour les « terroristes ». Au sous-sol, des cellules ont été aménagées. Des cloisons de briques ont été rapidement montées et on compte une quinzaine de cellules dans ces caves. Certaines cellules sont si exiguës que certains détenus diront, à la Libération, que l'on ne pouvait se tenir ni assis ni debout. D'autre part, des détenus jugés moins dangereux sont gardés dans les salles de classe à l'étage.

Saint-François est devenue un symbole fort, tout aussi fort que le *Pax* à Annemasse ou le *Savoie-Léman* à Thonon, de la répression et de la barbarie.

Joseph Morel, Tonin Goddet et Henri Hennebelle, tous trois de Résistance-Fer, progressent à travers les jardins qui bordent la gare, au sud. En chemin ils rencontrent Burnet, et les voilà bientôt tous les quatre planqués derrière la haie qui borde les jardins de l'avenue d'Aléry.

Joseph Morel bondit de sa cachette, en criant :

« Tonin et Henri avec moi ! Les autres, restez planqués, restez tranquilles ! »

Les autres sont les maquisards fictifs que l'on utilise parfois pour faire

Arrivée des prisonniers allemands à la caserne de Galbert, quartier du 27e B.C.A., avenue de Genève. Après la reddition le 19 août, les prisonniers allemands sont dirigés soit au quartier des chasseurs où des gars de Louis Morel, alias Forestier, et Lucien Mégevand, alias Pan-Pan, les gardent, soit au château, soit dans les caves de la poste. (A.D.H.S.)

Prisonniers allemands emmenés au château des Ducs de Nemours. On les voit ici descendant la rue Filaterie. Lorsque le bilan des prisonniers sera effectué, on comptera 3 866 détenus, prisonniers du 888e *Verbindungstab*, bataillon d'occupation, douaniers, *Schutzpolizei* et Feldgendarmes ainsi que les soldats en convalescence à Évian, Thonon, Chamonix et Annecy. Ces prisonniers allemands serviront d'« otages » et permettront de sauver plus de 1 200 détenus des prisons lyonnaises, que la Gestapo avait l'intention d'exécuter comme elle avait commencé à le faire à Saint-Genis-Laval. (A.D.H.S.)

le nombre. Joseph et les deux cheminots se dirigent vers le perron de l'école. La sentinelle a disparu. Ils entrent. Ils bondissent dans la pièce située à gauche, car Morel sait que c'est là que les S.S. gardent les armes. Il le sait, car c'est lui qui, chaque fois qu'un cheminot était arrêté, apportait le « panier », l'occupant ne nourrissant pas ses prisonniers ou très, très mal.

Dans les escaliers, les S.S. descendent, en grand nombre, « pour se rendre, car ils pensaient que tout était fini », précise Joseph Morel. Leur chef est parti à de Galbert et ne leur a pas fait signe de vie, alors…

Les Allemands, les bras sur la tête, sont conduits, par une population sortie de l'ombre, dans les sous-sols de la poste. Morel demande à ses gars d'empêcher la foule d'entrer dans l'école. Lui, descend dans les caves du bâtiment :

« J'ai vu des cellules de un mètre au carré et les prisonniers étaient debout. J'ai ouvert les portes et leur ai expliqué que c'était fini et qu'ils pouvaient sortir, mais certains avaient peur et ne voulaient pas sortir. » Pour ces détenus des enfers, dont de nombreuses femmes car la plupart des hommes ont été fusillés ou déportés, le cauchemar s'achève. M$^{mes}$ Julia Rambosson et Challandes ou M$^{lle}$ Julie Persoud sont de celles-là.

Un groupe de F.F.I. arrive à l'école pour prendre la relève des quatre maquisards. Ils vont pouvoir se reposer un peu et casser la croûte !

À l'autre bout de la ville, à Albigny, le lieutenant Polge, ancien du 27$^e$ B.C.A., qui effectue une liaison, est pris sous le feu des gestapistes de la

Colonne de prisonniers emmenés en détention. Ils remontent ici la rue Carnot pour rejoindre de Galbert. Ils traversent ainsi Annecy devant une population calme et qui n'apparaît pas excessivement hostile. (A.D.H.S.)

Curieuse photographie prise le jour de la Libération, en fin de matinée, où l'on voit l'officier américain interallié Léon Ball arriver à l'hôtel Splendid, où Nizier a installé le P.C. des Forces Françaises de l'Intérieur, en compagnie d'un soldat allemand qui semble le suivre docilement. Officier parachuté sur le département dans le cadre de la mission interalliée, Léon Ball a notamment permis la reddition de la garnison allemande du Fayet. (Coll. M. Germain.)

villa Schmidt. Le chauffeur du véhicule et le lieutenant sortent indemnes, mais la voiture brûle.

### La fin de la Gestapo annécienne

À propos de la Gestapo à Annecy, il faut savoir que depuis janvier 1944 le *Grenzkommissariat* s'est renforcé considérablement et installé dans la villa Schmidt, avenue d'Albigny. Le Feldpost 15 177 BV est dirigé par l'Hauptsturmführer S.S. Jeewe, qui dépend directement de Werner Knab à Lyon. Nous avons bien vu fonctionner cette hiérarchie durant les événements des Glières, et ce jusqu'au S.S. Oberg à Paris.

Un certain nombre de personnes participent à « l'intendance » de cette antenne, à savoir Hans Hoffmann (41 ans) et Georg Schoenheiter (38 ans), secrétaires, Marianne Dolle (22 ans), dactylographe, Émile Sterki,

Libération à l'école Saint-François à Annecy. Cette école avait été réquisitionnée par les S.S., les *Schutzpolizei* du capitaine Krist, responsables de bon nombre d'exécutions (Lamy, Glières, Vieugy…), et transformée en prison. Dans les salles de classe logeait la troupe, et les détenus étaient enfermés dans les caves que les nazis avaient fait cloisonner pour les rendre encore plus répressives. Julia Rambosson, que j'ai connue dans les années cinquante, resta de nombreuses semaines enfermée dans une cellule où l'on ne pouvait ni se tenir debout, ni se coucher. On imagine alors quelle fut la joie des détenus au moment de la Libération. (A.D.H.S.)

suisse et interprète de 32 ans, et le chauffeur Unterscharführer Luetgens, abattu avec le S.S. Jeewe le 19 août.

La Gestapo ou Section IV et IV A est très importante. L'Untersturmführer Gregor Kampfert, dit Kampf, quarante et un ans à la Libération, est le chef de la Gestapo basée en Haute-Savoie. Kampf, alias Robert, alias le comte de Loriol, alias Devillers, ancien policier à Stettin, parle bien le français et est d'une cruauté sadique comme en témoignent les rares personnes « interrogées » à la villa Schmidt et ressorties en vie. Sa secrétaire Linette Dalbion, alias d'Albion, est la fille d'un maire de l'Isère. Elle assiste assez souvent aux interrogatoires où elle se montre assez violente. Maîtresse de Kampf, elle habite avec lui rue Vaugelas et ils se suicident ensemble le jour de la libération de la ville.

L'Oberscharführer Hans Becker, comme son chef Kampf, est un ancien de la police criminelle allemande. Il vient de Bochum. L'Oberscharführer Walter Novack était gardien de la paix à Breslau. L'Unterscharführer Nagler, arrivé en mars, a probablement été tué lors des opérations de Glières. On trouve encore le Sturmann Abt, mais surtout Hans Gromm, ressortissant helvétique de Lucerne qui se fait appeler tantôt Sager, tantôt monsieur Jean et qui est en réalité, à trente-six ans, un agent Sondernführer Z, LY 136, véritable espion de la Gestapo. Nous savons qu'il a été arrêté et exécuté en compagnie de sa maîtresse.

Et puis il y a le contre-espionnage, avec notamment les Hauptscharführer Albert Maletski et Kaspar Mueller ainsi que l'Oberscharführer Arnold tué par la Résistance le 9 août avenue d'Albigny à Annecy.

Certains rapports découverts récemment nous confirment ce que les Annéciens savent depuis soixante ans. Cette fameuse section IV d'Annecy était en réalité un *Sonderkommando*, en tout cas fonctionnait comme tel, et était spécialisée dans les interrogatoires violents. Il suffit d'avoir une pensée pour Pierre Lamy pour espérer comprendre.

Ceux qui ne sont pas tués ou qui ne se sont pas suicidés sont faits prisonniers, comme les soldats et autres douaniers. Cependant, le service de renseignements de la Résistance organise, dans les jours suivant la Libération, des interrogatoires de ces policiers. Malheureusement la plupart des minutes de ces interrogatoires sont aujourd'hui introuvables. Certains détenus seront jugés et condamnés à mort, mais la plupart seront expédiés en septembre ou en octobre vers des instances françaises policières supérieures. Après quoi, on perd leurs traces.

Ajoutons que ces Allemands utilisent un certain nombre de Français, comme André T… (condamné à mort par la cour martiale et fusillé le 5 octobre), Finesso C…, Pierre P… en fuite, notamment.

**Pendant ce temps-là, le Comité départemental de Libération…**

Samedi 19, huit heures moins le quart, cimetière d'Annecy-le-Vieux.
Les principaux membres du Comité départemental de Libération sont exacts au rendez-vous. La veille, ils ont décidé d'aller siéger à Ayse, loin du tumulte de la bataille, dans un lieu prévu par Granotier, responsable M.U.R. de Bonneville.

Il y a là, battant la semelle, Berthet, alias Durand, vice-président du Comité – originaire de Venthon, en Savoie, il échangera sa place avec Gatto, après la libération d'Annecy –, le secrétaire, Adrien Gaillot, alias Émonet de la S.N.C.F., C. Caillat, dit Lavorel, et Périllat, dit Noisy, pour le parti communiste. Charles Bosson est également là. Il est le neveu et chef de cabinet de M. Bouvet, pressenti par le commissaire Yves Farge pour être le prochain préfet de la Haute-Savoie, et qui rejoindra les membres du C.D.L. sur place, à Ayse.

À 8 heures, Georges Guidollet-Ostier n'est toujours pas là. Ce n'est pas son habitude d'être en retard. L'attente se passe dans une position inconfortable.

À 9 heures arrive Gaby, qui annonce que le départ pour Ayse est annulé. Tout le monde l'écoute religieusement :

« Les Boches sont en train de se rendre. Ostier est à Chavoire avec Nizier et les Allemands. Il faut attendre, ici, le président. »

Rappelons pour mémoire que le C.D.L. chapeaute les F.F.I. – primauté du politique sur le militaire –, mais le commandant Nizier a les coudées franches et tous travaillent à la libération du pays, en parfaite harmonie et communauté d'esprit. Nizier et Ostier s'entendent toujours très bien tout au long de ces journées difficiles et décisives.

Ostier arrive bientôt par la route de Vignières. Après une rapide mise au point, on décide de se rendre au domicile de Charles Bosson, tout proche puisque situé dans la montée de Novel. Là, la ville à leurs pieds, les responsables du C.D.L. rédigent l'affiche proclamant la Libération. Celle-ci sera rapidement imprimée et placardée, le dimanche 20.

Vers 11 heures, informés de la capitulation allemande, les honorables représentants de la légalité républicaine se rendent à la préfecture.

Pour le président Ostier, comme pour tout le C.D.L., il importe qu'au moment où les F.F.I. auront libéré le département de l'occupant et donc des représentants de Vichy, il n'y ait pas de vide politique. La Résistance, à travers les divers comités, doit assurer le retour de la République et de la démocratie dans le calme. Et il faut bien dire que Georges Guidollet, malgré son jeune âge, a parfaitement réussi dans sa tâche.

Petit retour en arrière…

**Reddition**

À Chavoire, les badauds se sont massés devant l'entrée du chemin qui descend à la villa Fournier, et les hommes de Pao ont du mal à contenir l'enthousiasme populaire.

Le général Doyen, que, sur ordre du capitaine Jean, le lieutenant Gardet est allé quérir à Thônes, vient d'arriver en grande tenue pour assister à la reddition.

Dix heures sonnent aux clochers lorsque la voiture, qui arbore son étendard blanc, se présente au barrage du Petit Port. Le capitaine Jean grimpe à nouveau sur le marchepied, et en route pour la villa.

Sedlazceck et Eggers sont de retour. Le capitaine Sedlazceck a les pleins pouvoirs pour conclure et signer la reddition de la garnison.

Il fait savoir au commandant Nizier que rien ne s'oppose à la signature et que le colonel Mayer attend les F.F.I. à l'hôtel Splendid, pour la signature officielle et définitive.

Dix minutes plus tard, le capitaine allemand remonte dans sa voiture, tandis que l'état-major F.F.I. fait de même, dans deux autres voitures. La limousine de Nizier arbore un drapeau tricolore, coincé dans les aérateurs du capot.

La foule, massée sur l'avenue d'Albigny, ovationne ses héros. C'est la fin du cauchemar. « *Le jour de gloire est arrivé ! Contre nous de la tyrannie, l'étendard…* »

Le cortège arrive devant la Kommandantur. Les officiers F.F.I. y pénètrent, tandis que les Annéciens arrachent déjà les écriteaux germaniques. L'heure de la capitulation sans condition de la Wehrmacht a sonné.

Le colonel Mayer salue et claque les talons. Tenue de toile verte, casquette et gants blancs, le colonel a revêtu la tenue de parade. Il arbore un magnifique monocle dans la plus pure tradition prussienne, et son épée bat son flanc gauche. Il a le port très raide. Ce sont toutes les traditions de la Reichwehr que représente cet homme, qui s'assoit et qui commence à lire le document, en allemand et en français, que lui tend un officier F.F.I.

Silence sous les ors et les velours cramoisis de l'hôtel. Mayer lit attentivement. De temps en temps, il relève le nez et regarde Nizier. Le bruit de la foule monte de la rue.

*Annecy, le 19 août 1944.*
*Reddition de la garnison d'Annecy.*
*Les conditions suivantes ont été prises en accord avec le commandant F.F.I. de la Haute-Savoie ; les questions générales ont trouvé une solution.*
*Questions de détails, posées par le commandant Nizier :*
*1. Les îlots de résistance de la Gestapo qui resteront, seront dans ce cas anéantis par les troupes F.F.I.*
*2. Les troupes allemandes seront désarmées dans leurs casernements respectifs. Les armes devront être remises en bon état.*
*3. L'effectif exact des troupes devra être remis.*
*4. Tous les soldats allemands, y compris les troupes isolées, se rendront à la caserne de Galbert. Les unités de police du 1er bataillon, du 19e régiment, resteront dans leurs casernements. Dans l'exécution de ce qui précède, les casernements seront occupés par les F.F.I. Les officiers allemands se rassembleront à l'hôtel Splendid et seront dirigés, dans le courant de la journée, sur un hôtel qui reste à déterminer.*
*5. Le représentant du général Koenig déclare que, par son attitude, la Wehrmacht admet que les F.F.I. sont une armée régulière. Le commandant des F.F.I. du département de la Haute-Savoie engage sa parole d'honneur que la Wehrmacht et l'unité de police qui relève d'elle seront traitées selon les conditions de la Convention de Genève.*
*Oberst und Kommandant des Verbindungstab 988.*
*Signé : F. Mayer.*
*Commandant des F.F.I. du département de la Haute-Savoie.*
*Signé : Nizier.*

Le colonel Mayer appose sa signature au bas du document. Il est livide :

« Les conditions sont dures, très dures, mais je ne reviendrai pas sur ma parole. »

Certainement au courant de la situation à de Galbert, il ne peut faire autrement. Péniblement, comme fatigué par le poids des responsabilités de l'heure, il se lève, décroche son épée de sa taille et la tient horizontalement, à deux mains, au-dessus de la table. Puis, il la sort à moitié de son fourreau, avant de la remettre au commandant Nizier en signe de reddition du vaincu à son vainqueur. Et comme il s'apprête à sortir, il ajoute : « J'ai toujours cru n'avoir à faire qu'à des terroristes… »

C'est fini. Le dernier Allemand sorti, les officiers de l'état-major F.F.I. se congratulent et prennent toutes les dispositions qui s'imposent, car leur tâche est loin d'être achevée.

L'ex-Kommandantur devient le P.C. des Forces Françaises de l'Intérieur. Tout un symbole. Le commandant Ixe et sa secrétaire, M<sup>lle</sup> Hérisson, y installent immédiatement le S.R. de la Résistance, à côté des services militaires.

Une commission du Comité international de la Croix-Rouge devait dans les jours qui suivirent cette reddition visiter les prisonniers. Elle constata que les détenus étaient bien traités et en donna un décompte précis pour Annecy :

*Hôtel Splendid : 28 officiers et 5 ordonnances ;*

*Château d'Annecy : 468 sous-officiers et hommes de troupe dont 20 Italiens ;*

*Caserne Dessaix (gardes mobiles) : 204 sous-officiers et hommes de troupe ;*

*Lycée Berthollet : 168 sous-officiers et hommes de troupe, ainsi que 253 hospitalisés ;*

*Caserne de Galbert : 71 sous-officiers et hommes de troupe.*


**Des F.F.I. investissent la ville au sud**

Sur le pied de guerre depuis deux jours, les maquisards de Millau n'ont guère dormi. Derrière leurs barbes d'adolescents, ils cachent leur fatigue. Ce samedi 19, vers dix heures du matin, l'avant-garde de la compagnie arrive devant la mairie d'Annecy. Millau ne peut rester avec ses hommes. Casque en tête, il doit retourner aux Marquisats afin d'arrêter le pillage et le saccage de la Commanderie, ancien siège de la Milice. Il place un peloton de garde et retourne à l'avant.

Au fur et à mesure que les minutes passent, les Annéciens s'enhardissent. Constatant qu'il n'y a plus de danger, les gens explosent. La foule se masse devant l'hôtel de ville, apportant à boire aux hommes. Certains boivent plus que de raison, mais peut-t-on le leur reprocher, à eux qui ont tant souffert dans l'ombre ?

Maintenant, il est onze heures et la reddition est connue de tous. Les cloches de Saint-François, de Saint-Maurice et de la cathédrale sonnent à toute volée.

Le maire Couderc et son adjoint Barragia attendent les résistants. Ils veulent, considérant que leurs mandats confiés par Vichy sont caducs, remettre officiellement leur démission. Mais personne ne vient. Déjà l'étendard national flotte au balcon d'honneur. Dans la journée, il sera convenu que l'administration continuera à fonctionner normalement, tandis que le maire se retirera.

Dans la rue, c'est la liesse avec tous ses débordements. La permanence de la Milice, 2 rue Royale, est pillée et saccagée ; des documents brûlent. On reconnaît, entre autres, le notaire Volland et l'agent d'assurances Peguet, qui arrachent les insignes miliciens. Volland avait été blessé par les miliciens lyonnais en novembre 1943 lors de la fameuse « nuit bleue ». L'office de placement de la rue du Lac et le local de la L.V.F. subissent le même sort. Sur la porte de l'office de placement, on peut lire « Fermé pour des raisons indépendantes de notre volonté ». Les panneaux indicateurs germaniques plantés place de Verdun sont arrachés, barbouillés de peinture ou jetés dans le canal. Les drapeaux à croix gammée sont piétinés. Le panneau des morts de la Légion antibolchevique, transporté devant l'entrée du *Splendid*, est sérieusement rectifié. Il porte pour titre, maintenant : « Liste des salopards morts contre la France ! »

Rue de la Légion, on arrache les plaques que l'on remplace par des panneaux plus explicites : « rue de la Résistance », « rue du maquis ». Des drapeaux français, américains et français frappés de la croix de Lorraine ornent les fenêtres de la ville. On raconte qu'un commerce a écrit sur la porte de son magasin : « Fermé pour cause de victoire ! »

Le hall du journal collaborateur *Le Nouvelliste* est bizarrement pavoisé aux couleurs de la France. On peut y lire le bulletin d'information de la B.B.C. ! Attention aux vestes qui se retournent.

Devant la poste centrale, rue Royale, une jeune fille que la foule lynche pour avoir eu des rapports avec l'ennemi, est sauvée par l'adjudant Dubois et deux gendarmes. Ailleurs on coupe des cheveux…

Ferveur patriotique, délire collectif, joie intense, abus d'une foule incontrôlée… C'est bien normal après tant d'années d'oppression.

### Baron et ses gars descendent l'avenue d'Albigny

Après le départ de l'état-major de Chavoire, le lieutenant Baron reçoit l'ordre de Yves Godard de se porter sur la ville et d'investir les quartiers est.

Déjà, les populations d'Annecy-le-Vieux, de Veyrier et d'Albigny convergent vers le Pâquier, gênant quelque peu le mouvement des troupes. La villa Schmidt est investie, sans résistance. C'est là le siège de la Gestapo et c'est là que plusieurs patriotes ont été torturés, et c'est encore là que Pierre Lamy fut martyrisé avant d'être emmené dans le Semnoz pour être exécuté.

Certains se rappellent, ce n'était pas si vieux, c'était il y a trois jours. De l'autre côté de l'avenue, les Allemands ont tué. Et aujourd'hui, une modeste stèle rappelle que le 16 août 1944, les nazis ont sauvagement abattu à l'entrée d'Albigny le docteur Laurent, Jean Galliot, Jean Bouchard et Albert Francfort, victimes innocentes…

« *Lentement, à travers l'avenue d'Albigny, nous avançons vers la ville. Nous avons, avec nous, une douzaine de camions et un certain nombre de motocyclistes. De cette colonne motorisée se dégage une véritable impression de puissance.*

« *Gracieux symbole, vivantes images de la victoire, les jeunes filles, les jeunes femmes viennent avec nous. Avec un zèle extraordinaire, elles ont dépouillé, pour nous, de leurs fleurs, les jardins et les champs. Ces bouquets improvisés, elles nous les lancent en souriant et, le cœur serré d'émotion, nos hommes les attrapent au vol.*

« *L'enthousiasme de la foule va toujours grandissant. Après les fleurs, ce sont les cris qui nous assaillent : "Bravo les libérateurs ! Vive le maquis ! Vive la Résistance !"*

« *Aussitôt arrivés au pont du Pâquier, les devoirs s'imposent à nous : assurer la garde des hôtels précédemment occupés par les Allemands. Il faut, en effet, canaliser l'enthousiasme délirant de la foule, donner d'emblée une impression d'ordre et de discipline, éviter le pillage.*

« *C'est désormais une besogne ingrate qui s'offre à nous. La chaleur est épouvantable. Nous n'avons pas dormi de la nuit et le premier enivrement passé, nous commençons à sentir notre lassitude. Il faut pourtant rester debout, sans défaillance, autour des immeubles imposants et des monuments publics.*

« *J'admire la force de mes petits gars, qui ne bronchent pas, ne murmurent pas, mais s'adaptent aussitôt à leur nouvelle et fatigante mission* », écrit Jean Monnet, alias Baron (*Dans le maquis de Haute-Savoie*, Gardet, Annecy, 1946).

### La compagnie de Thorens au nord

La section Duchêne arrive devant le lycée Berthollet. Mitraillette en bandoulière sur le ventre, prêts à tirer, les gars s'avancent vers les officiers et les soldats, regroupés dans un coin de la cour d'honneur. Ils attendent, pour la reddition. Les prisonniers, comptés, sont expédiés par petits groupes à la caserne de Galbert. Tandis que des hommes visitent les locaux de fond en comble, d'autres éléments de la section continuent vers la place de Verdun et le casino. Ils rencontrent des gars du maquis de

Des maquisards du groupe de Thorens, aux ordres de Louis Morel, alias Forestier, posent pour une photographie-souvenir devant la porte d'entrée de l'école supérieure de filles, avenue de Loverchy. Photographie prise par monsieur Carteron. On reconnaît au centre, en chemise blanche, derrière le fusil-mitrailleur, Rodrigue Perez, ami de Richard Andrès. Rescapé des Glières, il assurait avant Glières la liaison entre les maquisards espagnols et Andrès, puis il continua ce travail de liaison sur le plateau des Glières.

Sur le pilier droit on peut lire « Défense passive ». La défense passive avait été créée avant l'entrée en guerre en 1939 et avait pour but d'aider les populations lors des bombardements ou d'éventuelles attaques. C'est elle notamment qui gérait les abris, après avoir réquisitionné les caves, par exemple, ou organisé les galeries souterraines sous le château. (A.D.H.S.)

Le Grand Hôtel de Verdun était ouvert place du Théâtre à Annecy, c'est-à-dire à l'emplacement actuel de Bonlieu. La place était un des centres de vie de la ville, car à proximité se trouvaient le monument aux combattants et le fameux mât de la Légion, où chaque vendredi les légionnaires venaient hisser le drapeau. À droite de l'hôtel se trouvait une maison où étaient installés les Papiers peints Duparc, et encore un peu plus loin la boîte de nuit *Le Club*, lieu de rendez-vous de nombreux chasseurs alpins entrés dans la clandestinité. Ajoutons que sur la gauche de l'entrée de cet hôtel, au début de la rue du Président-Favre, se trouvait l'imprimerie *L'Abeille*, où de très nombreux tracts ont été imprimés. Cette place resta en l'état jusque dans les années soixante-dix. Dans cet hôtel logeaient des marins rapatriés de Toulon en 1942. Ils durent laisser leur place aux Italiens puis aux soldats allemands. Après la Libération, il devint le siège des F.T.P. (A.D.H.S.)

Déléan. Vers dix heures et quart environ, ils sont sur la place. Mission : investir le grand hôtel de Verdun.

« Quand je suis rentré à l'hôtel de Verdun, les officiers et sous-officiers nous attendaient, assis par terre. Ils avaient déposé leurs armes, bien en vue, sur des tables », se souvient Duchêne.

Rapidement tous les officiers sont rassemblés dans l'escalier d'entrée, puis dirigés sur la caserne de Galbert.

Pendant ce temps, le capitaine F.F.I. Louis Morel participe avec Jo Buchet, Roby Poirson et d'autres à la mise en ordre de la caserne, afin de réceptionner les prisonniers qui commencent à arriver. Apprenant qu'il y a du pillage à la salle Louis-Boch, il envoie François Dufournet y mettre bon ordre. Les maquisards arrivent trop tard, mais ils récupèrent cependant deux camions de victuailles, immédiatement dirigés sur Thorens. Les gens pillent et boivent du Martini ou du Raspail, étiquetés « *Wehrmacht Marketenderware* ». En ville, on procède à des arrestations, notamment d'épouses de miliciens, comme M${}^{me}$ P…

### Les Évadés investissent les quartiers nord et ouest

Depuis le bâtiment de l'Intendance, de sinistre mémoire, la section de Lucien Bollard se rend à l'entrée de l'avenue de Cran et prend position devant l'église des Capucins. Les gens sortent dans la rue et Lucien a beaucoup de mal à maintenir l'ordre. La foule, de plus en plus nombreuse, ne se rend pas compte qu'elle gêne les combattants. Tout n'est peut-être pas fini.

Cependant, la section peut continuer son quadrillage. Elle traverse les arrières de la gare et, en arrivant devant l'école Saint-François, les Évadés ont la joie de voir les détenus, libérés, descendre le perron. Lucien apprend qu'il y a soixante et un prisonniers S.S. C'est ce qu'il reste après le départ du convoi pour Cluses et le ralliement de quelques Polonais. Plus tard on apprendra que bon nombre ne sont pas allemands. Certains ont déjà été conduits dans les caves de la poste, sous bonne escorte. La section rassemble et convoie ceux qui restent aux Vieilles Prisons. Là, le lieutenant laisse deux sizaines, avec Constantin. Là encore, les maquisards doivent se fâcher contre les civils qui veulent lyncher les prisonniers. La promesse du commandant Nizier est difficile à faire respecter, tant l'agressivité de certains est grande.

Deux sizaines d'Évadés, commandées par Ribier et Chiron, sont en position rue Royale, avec pour mission d'ouvrir le feu sur tout individu qui tenterait de pénétrer dans la banque Laydernier ou dans les locaux du Crédit Lyonnais. Une troisième sizaine, avec Édouard, a la même mission face à la Banque de France.

À ce moment-là, Lucien reçoit l'ordre, griffonné sur un morceau de papier, d'arrêter un officier S.S. qui habite un appartement rue Grenette. Lucien frappe à la porte :

« Maquis ! Ouvrez ! »

Il entend des coups de feu. L'homme s'est suicidé, ainsi que la fille qui l'accompagnait.

Dans la rue Filaterie, les Évadés, en bras de chemise, encadrent des prisonniers qu'ils regroupent momentanément au château. Les Allemands ont rapidement jeté leurs effets personnels dans quelques valises. Les maquisards distribuent des cigarettes récupérées. Des rafales de P.M. s'entendent vers la mairie. Quelques jeunes maquisards déclouent à leur manière, dans l'hilarité générale, les trois panneaux de bois « Travail, Famille, Patrie » qui surmontent le porche. Cette fois, c'est la fin !

Lucien reçoit l'ordre de se porter, avec ses hommes, à la caserne de Galbert.

Dans chaque quartier, des défilés s'organisent spontanément. Après le pillage de la salle Louis-Boch, un cortège se forme, sans aucune concertation. Tout le monde est dans la rue. On cherche les F.F.I. pour les féliciter, des prisonniers pour les injurier, peut-être pour certains des stocks à piller. Le cortège, qui grossit à chaque carrefour, descend en ville, se regroupe place Tochon et remonte la rue Carnot et l'avenue de Genève, avant de faire irruption devant la caserne de Galbert.

La situation à la caserne est assez confuse, maquisards et civils s'y mêlant et s'y gênant. Jo Buchet envoie quatre prisonniers allemands, escortés, pour déminer l'Intendance voisine.

Dans un premier temps, la poste, le château des Ducs de Nemours, les Vieilles Prisons ont servi de relais, car c'était plus pratique pour aller vite et il pouvait être dangereux de rassembler tous les Allemands au même endroit. Maintenant que les F.F.I. ont le contrôle de la situation, les prisonniers sont regroupés à la caserne, où ils arrivent sans cesse, par petits groupes.

Bientôt la population envahit le quartier, débordant les maquisards. Les Annéciens veulent voir la tête des vaincus.

Mais dans cette foule en liesse, il y a aussi des résistants de la dernière heure. D'ailleurs, aujourd'hui, depuis que les Allemands ont capitulé, il en sort de partout. Tout le monde est résistant. Il en est même qui racontent d'incroyables et d'authentiques aventures de résistants…

Allemands vaincus, Allemands foutus ! Il s'ensuit un vaste pillage de l'armurerie, des cuisines et des chambrées. Les F.F.I., les vrais, ne peuvent être partout.

Certes, on veut des armes pour se battre. Mais contre qui ? Et avec qui ? Dans quelle unité ?

Certes, on a faim, alors on pille les stocks de ces « salauds qui ont toujours bouffé à leur faim ». C'est compréhensible, c'est excusable. Les valises des soldats, qui étaient entassées sur un camion, sont éventrées, pillées ou emmenées. C'est la foire d'empoigne. On crie, on s'injurie et enfin on réussit à partir avec un lambeau de la victoire. Il y a, pour beaucoup, l'envie profonde de vivre intensément cet instant, de ne rien manquer de la victoire. Souvent ce désir, bien légitime, est mêlé de haine pour l'occupant, mais aussi pour les collaborateurs.

Dans cette pagaille organisée, certains, plus malins que les autres, règlent leurs comptes. À noter cependant qu'il n'y a pas eu d'exécutions. Par contre, un certain nombre de femmes, réputées, à tort ou à raison, collaboratrices, ont été tondues et promenées en ville.

Depuis son P.C., Jo Buchet regarde, impuissant, le désolant pillage. Ses hommes, fatigués, n'ont pas eu de cigarettes, eux qui manquent de tabac depuis plusieurs jours. La population, égoïste, a parfois laissé pour compte ses libérateurs. Une estafette arrive en courant :

« Mon lieutenant, les gens pillent en ville. C'est la même chose qu'ici !
– Où ?
– Dans les hôtels, les appartements vidés par les Allemands, à la salle Louis-Boch…
– Je sais, on a envoyé quelqu'un là-bas. »

Dans l'immédiat, Jo Buchet et Morel, alias Forestier, décident de renforcer la surveillance autour des baraquements où sont gardés les Allemands.


**La ville est dans la rue**

Annecy chante le bonheur retrouvé. Rue Vaugelas, des fillettes en jupe plissée bleue, se tenant par le bras, chantent, hurlent *La Marseillaise*, en courant d'une devanture à l'autre. Une vieille dame pleure à chaudes larmes. Des drapeaux claquent au vent de l'espoir. D'Artagnan, arrivé à Annecy, retrouve les copains.

Vers 11 h 30, un défilé monstre est organisé, dans un joyeux désordre. Les gendarmes essaient, sans convaincre, de maintenir un semblant d'ordre. Mais aujourd'hui, tout est permis ou presque !

En tête de la compagnie Pan-Pan, la mascotte du groupe, les cornes peintes en bleu, blanc, rouge, le drapeau frappé de la croix de Lorraine, le V de la victoire et l'écusson « Vivre libre ou mourir ». Les gars pensent à leur chef, parti pour Saint-Julien-en-Genevois pour y être soigné.

La compagnie Millau s'ébranle devant la mairie. Casque en tête, large short, cartouchière à la ceinture, le capitaine de Faverges précède ses hommes, en ordre impeccable. Millau conduit une partie de ses jeunes vers le cortège. Ils ont bien droit à la victoire, eux aussi.

Le défilé emprunte la rue Vaugelas, au départ de la place de Verdun, et remonte vers la gare. Il passe ensuite dans la rue de la Gare, devant l'école Saint-François où il s'enfle de la compagnie Joubert, et redescend triomphalement la rue Royale. Au fur et à mesure que la troupe avance, la foule s'accroît. Des gars de la section des Évadés, juchés sur un camion Citroën, arborent de larges sourires. Parmi eux, une fille et, très inquiet, sur le toit de la « Citron », un petit chien. Nombreux sont les F.F.I. sédentaires qui accompagnent leurs camarades à bicyclette, le fusil dans le dos.

Des camions disparaissent sous les jeunes résistants, pleins d'enthousiasme. Un groupe de F.F.I. montés sur une limousine décapotable, présente un drapeau nazi et une silhouette de soldat allemand à la foule qui exulte.

Des jeunes filles, libérées de Saint-François, descendent la rue en chantant *La Marseillaise*. Certaines pleurent toutes les larmes de leurs corps. Revenir de Saint-François, quel cauchemar !

Ce jour-là il n'y a pas de déjeuner, mais beaucoup de boissons pour tous. On sort des bouteilles planquées en 1940 et gardées précieusement pour la victoire.

Pouget, circulant en voiture, diffuse, par haut-parleur, les premières consignes des F.F.I. et du C.D.L. Le couvre-feu est maintenu de 21 h 30 à 5 heures du matin. Les cafés seront fermés à 21 h 30.

La Haute-Savoie est libérée mais la guerre n'est pas finie…

### Les F.F.I. se regroupent pour poursuivre le combat

Les cadres de la Résistance continuent leur travail. Le combat continue. Godard organise le P.C. de l'Armée Secrète dans les locaux du *Splendid*. Augagneur prend place avec les Francs-Tireurs et Partisans à l'hôtel Verdun. D'autres s'occupent à maintenir un semblant d'ordre.

Jo, Forestier et Lulu se débattent toujours à la caserne. Des problèmes surgissent à propos des camions récupérés. Tout le monde en veut et il s'ensuit des frottements entre les gars de l'A.S. et ceux des F.T.P., et même des maquisards, arrivés de Thonon. Jo ne veut pas lâcher les camions, car il en a besoin pour motoriser sa compagnie. Il sait déjà qu'Annecy n'est qu'une étape et que demain, il devra partir pour la Savoie. Vers quatorze heures, tout est réglé.

Les ordres arrivent aux chefs de compagnies. Jo Buchet reçoit l'ordre de rassembler ses hommes, ce qui n'est pas facile, et de cantonner à l'école primaire de Cran. Le soir, les gars sont là et les camions alignés dans la cour. Tous savourent leur premier soir de liberté.

Forestier a les mêmes difficultés pour rassembler ses hommes. La rigueur militaire n'a pas résisté à l'euphorie de la victoire. Le soir tout le monde rentre à Thorens. Les gars sont accueillis par une ville en liesse. Quelle nuit !

Millau fait faire mouvement à ses gars, vers dix-sept heures, pour Faverges et la Savoie.

Lucien Bollard, resté seul à de Galbert avec ses gars, fait regrouper les prisonniers allemands dans deux bâtiments, cernés par des postes de mitrailleuses récupérées chez l'ennemi. Deux hommes par mitrailleuse, une sizaine par équipe. Sur la manche gauche brille un brassard tricolore frappé du sigle M.R.E.F. Bérets, insignes de chasseurs et galons décorent leurs uniformes.

Dans un local de la caserne, certains F.F.I. avaient regroupé, tout au long de la journée, des femmes suspectées de collaboration. Celles-ci avaient été tondues. Des F.F.I. continuent d'amener des femmes. Ils continuent à fêter la victoire en buvant beaucoup. Lucien regarde ces femmes. Il en découvre, parmi elles, dont il sait qu'elles n'ont pas collaboré. Dans la nuit, un petit conseil se réunit autour de Roby et Lulu, et statue sur le cas de ces détenues. Les trois quarts d'entre elles, qui n'ont rien à voir avec l'ennemi, sont relâchées.

Apprenant qu'on attend un possible retour allemand par le col du Frêne, Lucien fait miner les soupiraux des baraques.

Tout est en ordre. Il peut s'octroyer quelques heures de sommeil. Les premières depuis bien longtemps.

Dans les communes environnantes, on vit la même liesse, le même délire collectif. La victoire est immense. Elle appartient à tous, et, ce samedi 19 août 1944, elle entre dans l'Histoire haut-savoyarde par la grande porte.

# Et après ?
# Reconstruction et épuration

**La presse écrite**

La phase militaire est achevée, il faut maintenant pour le Comité départemental de Libération et son président, Georges Guidollet, travailler d'arrache-pied pour maintenir l'ordre, remettre l'économie en marche, répondre à la demande populaire quant à l'épuration afin d'éviter les excès. Mener toutes ces tâches de front n'est guère aisé quand on sait que la Haute-Savoie est isolée, que l'ennemi est tout autour et que le département est quasiment démuni de tout.

Pour le C.D.L., il importe de remettre très vite en fonction l'information. La presse écrite et la radio avaient été contrôlées par Vichy et les Allemands durant trop longtemps. Ces garants de la démocratie doivent reprendre leurs travaux et faire valoir leurs droits.

Une réunion se tient à cet effet au domicile de M$^{me}$ Duret, avec Gimel, Bornand, Ramon, Laurent, René Dépollier, Hudry, ainsi que le père et le fils Déjon.

Il va de soi qu'en fonction de la circulaire du 8 août 1944 du secrétaire à l'Information du gouvernement provisoire, *Le Petit Dauphinois* et *Le Nouvelliste*, quotidiens collaborateurs, cessent d'être distribués dans le département. Les halls de tous les journaux sont fermés et mis sous scellés.

Il semble que l'on se dirige vers une autorisation à paraître pour *L'Écho des Alpes* et *Le Sud-Est*, et que les journalistes devront faire l'objet d'un examen, cas par cas, avant de pouvoir publier. Sur le plan départemental, il est convenu qu'un seul journal paraîtra : le *Journal de la Libération* sera l'organe officiel du gouvernement gaulliste et installera ses bureaux dans ceux du *Petit Dauphinois*. On pense pouvoir sortir le premier numéro demain dimanche. C'est le professeur Ventre, alias Pierre Raymond, qui en assurera la direction.

La réunion terminée, Ramon, Laurent et Bornand se rendent à la préfecture pour faire part de leurs décisions.

**Le Comité départemental de Libération se réunit pour la première fois à la préfecture**

Depuis une heure, le général-préfet Pierre Marion, en uniforme de général, attend à la préfecture en compagnie du commandant de gendarmerie Calveyrac. Le commandant Nizier, Revillard, Paturle, les membres du C.D.L. et le commissaire Massendès arrivent à la préfecture vers les onze heures. Ostier annonce à l'ex-préfet qu'il est en état d'arrestation, assigné à résidence dans son appartement sous la garde de gendarmes. Si le préfet est arrêté, le personnel administratif reste en place et continue à travailler.

Quant au commandant Calveyrac, démis de ses fonctions de chef du Maintien de l'ordre, il doit nommer un de ses officiers pour assurer le commandement de la gendarmerie de Haute-Savoie. C'est le lieutenant Coquet qui assure provisoirement cette fonction. Dans la journée, le chef d'escadron Farencq, qui commande les forces supplétives de gendarmerie, devient chef de la Gendarmerie de Haute-Savoie.

Les membres du Comité départemental de Libération travaillent à organiser et à reconstruire la vie politique, sociale et économique de notre département. La première réunion officielle débute ce 19 août, à 17 h 45.

Autour de la table sont présents le président Guidollet, représentant les M.U.R., Périllat, dit Noisy, pour le P.C.F., Durand, du Front National, Caillat, alias Lavorel, pour la C.G.T., Galliot, dit Émonet, pour la C.F.T.C., le commandant F.F.I. Lambroschini, alias Nizier, Auganeur, alias Grand, chef des F.T.P. de Haute-Savoie, Jean Massendès, commissaire de police, Mermet, Milord, François et Girard.

Girard est le pseudonyme d'Irénée Revillard, qui a les préférences du C.D.L. pour le poste de préfet, à la place d'Ulysse Bouvet qui, se trouvant lui-même trop âgé et souffrant, démissionnera assez vite du C.D.L. C'est alors Georges Guidollet qui fait fonction de préfet de la République, en attendant une nomination par le commissaire de la République, Yves Farge.

La tâche est immense. Il faut tout faire en même temps. Les problèmes se bousculent et il faut régler tout à la fois ! Le C.D.L. a le souci primordial de l'ordre. Éviter les débordements est une préoccupation majeure. L'information et son impartialité sont une autre question, qu'il faut traiter rapidement.

Il faut avoir bien présent à l'esprit le fait que la Haute-Savoie est une île de liberté, au milieu d'une mer hostile encore occupée par l'ennemi. Le département ne peut compter que sur lui-même, sans attendre aucune aide de l'extérieur. Il faut tout réorganiser en conséquence, sans compter que les Allemands n'ont peut-être pas encore dit leur dernier mot et qu'en tout état de cause, la guerre n'est pas terminée. Libération de la Haute-Savoie ne signifie pas fin de la guerre. Si le C.D.L. et les F.F.I. en ont parfaitement conscience, ce n'est pas toujours le cas des populations, et la désillusion risque d'être grande. Voici un extrait de cette première séance, dû à son secrétaire Adrien Galliot.

*« La discussion s'engage au sujet d'une mise au point relative au maintien de l'ordre civil et militaire. La question est réglée, plus tard, en présence des responsables des services. Dans ce même ordre d'idée, il est décidé que la gendarmerie ne serait employée que comme service de garde (plantons). Diverses questions concernant la presse sont ensuite discutées. La parution d'un journal est décidée pour le lendemain, 20 août. Ce journal sera intitulé le* Journal de la Libération.

*« Revillard, alias Girard, représentant le Comité d'Alger, fait savoir que tous les comptes en banque sont bloqués. Jusqu'à ce que soit fait l'inventaire des comptes, il ne sera délivré de sommes d'argent que sur justification et avec autorisation.*

*« Les règlements de la circulation des voitures sont également discutés. Il est décidé :*

*« 1. Que les réquisitions de voitures sont interdites.*

*« 2. Que ce service, qui devra fonctionner en liaison étroite avec le service militaire, est confié à monsieur Figuet (garage Citroën). Le service des transports routiers sera confié à monsieur Million (Sud-Est Automobile). Le responsable des transports militaires est le capitaine Emmanuelli. Ces différents services doivent connaître d'urgence le nombre et le type de véhicules nécessaires à leurs besoins.*

Cette photographie a été prise le 20 août, avenue de Genève à Annecy. La 202 Peugeot arbore un magnifique étendard tricolore et l'on a peint sur la portière : F.T.P. Image classique, la libération achevée. Pour les plus jeunes lecteurs, notez le matricule : QR2 était la Haute-Savoie. Cette immatriculation changera au début des années cinquante.

Je lance un « appel à témoin » pour savoir qui sont ces maquisards. (Coll. M. Germain.)

Photographie prise le dimanche 20 août 1944 lors de la grande manifestation au monument des combattants. Il s'agit d'un gros plan de maquisards mélangés à la population devant l'hôtel de Verdun (à droite). La foule a envahi le balcon du café Arragain (au fond), café qui fut dynamité par la Milice en 1943 et où de nombreux résistants se retrouvaient. Les propriétaires seront arrêtés. Si Alexis Arragain, arrêté le 13 mars 1944, réussit à s'évader, Jeanne, son épouse, arrêtée le 17 avril 1944, est décédée à Ravensbrück.

« Il est demandé à la police (José), de se mettre en rapport avec les prisonniers libérés, afin de recueillir leurs dépositions.

« À une question posée, monsieur Girard fait connaître que l'ex-préfet, le général Marion, a été interné ce matin et que c'est le chef F.F.I. qui assure la fonction de chef civil et militaire du département. En ce qui concerne l'administration civile, il est assisté d'un conseil civil.

« Le lieutenant Raymond, chef du groupe franc, ainsi que quelques-uns de ses collaborateurs, sont présentés au C.D.L. par le commandant Nizier, qui fait l'éloge de ce chef et donne quelques détails sur les exploits de son groupe.

« La question de l'exécution des miliciens est alors posée par Raymond. Le chef F.F.I. déclare alors que les miliciens doivent être jugés par une cour martiale. Le commandant Grand, chef-adjoint, est partisan d'une exécution sommaire. Girard intervient pour déclarer que le jugement des miliciens, malgré leurs forfaits, doit être effectif. Il y a des lois, un code pénal, qui doivent être respectés. Il le fait afin que la population n'ait pas l'impression que les méthodes de la Milice sont encore en vigueur dans notre République. Une cour martiale sera donc constituée, qui aura à juger ces hommes.

« En fin de réunion, Durand pose encore la question de l'armement des Milices patriotiques. À ce sujet, une discussion s'engage entre Ostier et Girard, qui ne voit pas, actuellement, la nécessité d'armer les Milices patriotiques. Cependant Durand et Noisy en désirent l'armement. Étant donné que cette question ne peut être traitée qu'en réunion de commission insurrectionnelle, il est décidé que celle-ci se réunira le lundi 21 août, à 15 heures. La séance est levée à 19 heures.

*« Le secrétaire du C.D.L.*

« [Ensuite], monsieur Massendès [prend la parole pour dire] : Il manque 35 inspecteurs de police en Haute-Savoie. Que fait-on ?

« Monsieur Ostier demande à ce que l'école dont on avait parlé soit établie immédiatement. Il faudra également établir un contrôle économique, car

---

*Légende de la page suivante :*

Défilé de la Libération du 20 août 1944. Un bon nombre des participants sont partis de la caserne des chasseurs, avenue de Genève ; on les voit ici descendre la rue Carnot derrière une fanfare de pompiers. Sur la gauche de la photographie, on peut apercevoir la *Cordonnerie Universelle*. Durant la guerre, des filières furent mises en place par les mouvements de résistance ou par des réseaux de bénévoles pour accueillir les jeunes qui refusèrent la Relève ou qui furent réfractaires au S.T.O. Une de ces filières, qui avaient déjà fonctionné avec réussite en 1940 pour les évadés des camps de prisonniers, passait par les différents magasins de la *Cordonnerie Universelle* et partait du Nord pour aboutir dans le Sud ou dans les Alpes. (A.D.H.S.)

Défilé de la Libération du 20 août 1944 dans les rues d'Annecy. Ici les agents de liaison défilent à bicyclette rue du Pâquier, derrière Poupée Fournier. Les agents de liaison féminines ont assuré un énorme travail de résistance, suppléant le téléphone, dangereux, ou les liaisons ferroviaires ou par cars, risquées. Elles n'hésitaient pas, si besoin était, à pédaler, aller et retour dans la journée, du Chablais à Annecy par exemple, au risque constant d'être arrêtées par des patrouilles françaises ou de l'occupant. (A.D.H.S.)

*Légende de la page précédente :*

Défilé de la Libération du 20 août 1944. Groupe de maquisards enthousiastes montés sur un Berliet descendant la rue Royale et traversant le Puits Saint-Jean. Sur la droite de la rue, les Annéciens reconnaîtront aisément *Le Fidèle Berger*. Entre ce magasin et le coiffeur un peu plus loin se situait le siège vitrine officielle de la Milice française, installée dès février 1943 au numéro 2 de la rue Royale. Ces locaux furent incendiés le 19 août, et malheureusement les archives partirent en fumée. (A.D.H.S.)

Défilé de la Libération le 20 août 1944. Les participants descendirent la rue Royale puis la rue du Pâquier pour déboucher sur la place du Théâtre où se déroula une cérémonie du souvenir à tous les morts de la Résistance. Ces deux véhicules, la voiture et le car qui suit, sont des véhicules affrétés pour servir d'« antenne mobile médicale ». On reconnaît au centre, chemisier blanc et voile noir, Madeleine Golliet, fille du couple qui tient la gare routière de Thônes, qui fut durant la guerre une importante plaque tournante de la Résistance. Madeleine épousera après la guerre Louis Jourdan, officier rescapé des Glières et futur colonel. Elle est également la sœur de Pierre Golliet, qui sera l'un des trois auteurs – avec Julien Helfgott, rescapé des Glières et de la cour martiale, et Louis Jourdan – du livre-souvenir sur Glières publié en 1946. (A.D.H.S.)

*beaucoup de personnes des départements voisins viennent s'approvisionner en Haute-Savoie. Les F.F.I. font également office de transport. On peut trouver des inspecteurs, gendarmes et polices supplétives dans les Milices patriotiques, les F.F.I. et le S.R. »*

Après la séance plénière, à dix-neuf heures, MM. Guidollet, Galliot, Lafont, Métral, Caillat, Liotard, Massendès, Marin et Coquet se réunissent pour régler les questions urgentes de police.

La nuit chaude et presque calme tombe sur cette première journée de liberté.

Défilé de la Libération du 20 août 1944. On reconnaît sur cette photographie trois des plus importants personnages de la Résistance en cet été 1944. Au centre de la photo : Joseph Lambroschini, alias Nizier, chef départemental des Forces Françaises de l'Intérieur arrivé en Haute-Savoie le 15 mai 1944, nommé par l'état-major de la Résistance de R 1, et son chef Didier Chambonnet. Il doit son nom à celui de l'église lyonnaise où il apprit sa mission en Haute-Savoie. Derrière lui, répondant aux questions d'un journaliste, Georges Guidollet, alias Ostier, qui fut nommé, lui, président du Comité départemental de Libération de la Haute-Savoie malgré son jeune âge. À sa droite, au milieu des fleurs jetées par les Annéciens heureux, Jean Rosenthal, dit Cantinier, officier interallié du B.C.R.A. (A.D.H.S.)

Pour les libérateurs, la fête est finie… Ils goûtent, cette merveilleuse nuit, un repos bien mérité. Certains n'ont pas dormi depuis trois jours. D'autres ont marché des kilomètres. La chaleur étouffante enfin balayée par la fraîcheur nocturne, la fatigue ou l'épuisement et la joie des vainqueurs les font dormir comme des anges. Pour les autres, la grande majorité, ils dorment d'un sommeil presque rassuré et en tout cas soulagé.

Défilé de la Libération du 20 août 1944. Photographie prise presque au bout de la rue du Pâquier vers 18 h 30. Maquisards défilant casque en tête, il s'agit peut-être des gars de Jean Carqueix, dit Millau, de Faverges. (A.D.H.S.)

Défilé de la Libération du 20 août 1944. Après avoir défilé à travers la rue, les divers groupes de résistance se retrouvent sur la place du Théâtre où doit avoir lieu la cérémonie du souvenir. (A.D.H.S.)

Dimanche 20 août 1944, la foule annécienne est venue des alentours, informée depuis la veille de la grande cérémonie du souvenir place du Théâtre à dix-neuf heures, s'est massée toute la journée sur la place, grimpant dans les platanes ou sur le toit du théâtre et du casino, envahissant les fenêtres et les balcons des immeubles alentour : hôtel de Verdun, immeuble Arragain, immeuble du Vizir et même le Splendid Hôtel. Il est bien difficile de chiffrer cette foule, mais les photographies parlent d'elles-mêmes. (A.D.H.S.)

Il est près de dix-neuf heures ce dimanche 20 août 1944. Depuis une heure les vainqueurs défilent à travers la ville en liesse. Il fait un temps splendide. Toute la ville est pavoisée aux couleurs de la France et tout le monde est dans la rue. On ne voudrait rater la fête pour rien au monde. Sur la place du Théâtre la foule s'est massée. De mémoire d'Annécien on n'avait jamais vu cela.

Les autorités sont toutes là. Au premier rang, de gauche à droite : Georges Guidollet, alias Ostier, le commandant F.T.P. Augagneur, alias Grand, commandant en second les F.F.I., Jean Rosenthal, alias Cantinier, officier interallié du B.C.R.A. largué une première fois en septembre 1943, Joseph Lambroschini, alias Nizier, chef départemental des F.F.I. depuis le 15 mai 1944, et Léon Ball, officier interallié de l'O.S.S. américain. Après les dépôts de gerbes au monument du combattant retentit une vibrante *Marseillaise*, bien républicaine cette fois, reprise par les milliers de spectateurs. (A.D.H.S.)

Le jour de la libération d'Annecy, Lucien Mégevand, chef du secteur A.S. de l'ouest du département et chef du Service atterrissages et parachutages, avait été grièvement blessé lors de la tentative des S.S. derrière Fromes, devant le quartier Galbert. Il avait été immédiatement embarqué pour l'hôpital de Saint-Julien-en-Genevois pour être soigné. Cette photographie est prise lors de son retour à Annecy le 30 août 1944. (Coll. M. Germain.)

Joseph Lambroschini, alias Nizier, discute et félicite des maquisards le dimanche 20 août 1944 au matin, quai Eustache-Chappuis, en attendant la grande cérémonie place du Théâtre. (A.D.H.S.)

Mais tout n'est pas fini. En effet, si après 1 012 jours d'occupation italienne, puis allemande, les Haut-Savoyards vivent en liberté, pour les soldats de l'ombre la guerre continue.

On n'oublie pas. Il y a les prisonniers en Allemagne. Il y a ceux qui ont été arrêtés et qu'on n'a pas trouvés dans les prisons allemandes ou de la Milice. Il y a ceux dont on raconte qu'ils sont partis en Allemagne ou plus loin encore dans des camps de travail à l'Est. Et puis il y a ceux qu'on ne reverra plus jamais sinon en rêve. Ils sont déjà pour certains enterrés à Morette, à Vieugy, et chaque village de Haute-Savoie pleure ses morts dans le silence retrouvé de cette nuit d'été.

Mais pour l'heure on veut encore savourer la fin du cauchemar.

On ne manque pas d'humour dans notre beau pays, et dimanche matin, un succulent article intitulé « Le retour de l'enfant prodigue » le prouve :

« *Quel inexplicable envoûtement avait-il subi, ce succulent reblochon de la vallée de Thônes, pour nous abandonner si sottement dans le moment même où sa nourrissante substance nous apparaissait d'un grand secours ? Délaissant ces Haut-Savoyards auxquels il est pourtant redevable de sa réputation, il avait préféré courir à de lointaines destinées.*

« *De méchantes langues prétendent qu'il ne se résolut à l'expatriation que contraint et forcé. Mais ne céda-t-il pas plutôt à d'alléchantes promesses ? Nous sommes presque fondés à lui reprocher un désintéressement total envers ses premiers et meilleurs amis.*

« *Avec regret, nous l'avons vu s'éloigner triomphant d'un succès dont, s'en souvient-il ?, nous avions été les solides et zélés artisans.*

« *Avec joie nous accueillons aujourd'hui son retour. Il nous revient, modestement, sous la forme de cent petits grammes, destinés à suppléer plusieurs défaillances. Bénissons toutefois le retour de l'enfant prodigue, en nous réjouissant de le voir repris par la nostalgie du pays. Mais, entre nous, combien messire Reblochon doit maudire la crise des transports !* »

Certains lecteurs se souviendront peut-être de ce tract lancé aux quatre vents en juin 1942 :

« *Recette culinaire,*

« *Roulez la carte de viande dans la carte de matières grasses pendant deux heures. Entre temps, faites brunir la carte de pommes de terre sur la carte de charbon. Chauffez les tickets de café en y ajoutant les tickets de sucre et la carte de lait, s'il y a lieu.*

« *Après avoir mangé, nettoyez-vous la bouche avec la carte textile, lavez-*

*vous les mains avec la carte de savon et lorsque vous aurez évacué le tout, n'oubliez pas de vous essuyer le derrière avec l'Ordre nouveau. »*

### Dimanche 20 août 1944, Annecy : l'apothéose

De bonne heure, la foule annécienne est de nouveau dans la rue. Les maisons sont encore plus pavoisées que la veille, à croire que l'on a confectionné des oriflammes dans la nuit.

Les gens se rassemblent rue Royale, devant l'ex-Kommandantur, quai Eustache-Chappuis, place de Verdun. René Dépollier, qui fut correspondant de l'Office français d'information pour Vichy, mais qui surtout, résistant, a tenu un journal clandestin caché sous un tas de charbon à la cave, note à propos de la foule :

« *Elle ne sait trop ce qu'elle attend, mais elle attend. De temps à autre, elle applaudit quelques groupes de "libérateurs" qui passent. De nombreuses autos circulent en vitesse. Des coups de feu éclatent çà et là. Sur les pelouses de l'esplanade des hommes harassés défilent, puis s'endorment à même le sol. Deux jeunes filles, habillées en Alsaciennes, se promènent et sont très applaudies. Les cafés restent fermés. Seuls les restaurants sont ouverts… La foule est plus câline et plus disciplinée. On lui distribue le premier bulletin d'information du C.D.L. Elle y lit, avec plaisir, qu'un défilé général aura lieu le soir, vers dix-huit heures.* »

Vers onze heures du matin, cinq ou six S.S. rescapés des combats de la vallée de l'Arve se présentent avenue de Genève, à Annecy, sous les quolibets des gens. Ils sont rapidement désarmés et internés à la caserne de Galbert.

À Annecy, le C.D.L. est au travail. Ostier a installé son bureau dans celui de l'ancien président du Conseil général. La grande salle des délibérations sert aux réunions des commissions. Le capitaine Clément, chef de la sécurité publique, est installé dans le bureau du chef-adjoint du cabinet. Le commandant Nizier a pris possession du bureau préfectoral.

Mais Dieu, qu'il est difficile de remettre la République sur les rails ! Les visiteurs, filtrés par des gendarmes très stricts, ont une impression de pagaille bien compréhensible, mais surtout ils ont la désagréable surprise de voir graviter, dans les salons, des personnes fort connues pour leur antirépublicanisme en 1939. Épuration, épuration…

Pour l'heure, dans la rue, la fête continue et la grande manifestation prévue pour dix-huit heures se met en place.

Des troupes, dont les gars de Pan-Pan, défilent de la caserne à la place Verdun. Devant le monument aux morts, discours et dépôts de gerbes.

Le défilé est impeccable. Les gars sont propres, rasés de près, précédés par l'Harmonie municipale. Sur le parcours, la foule acclame ses jeunes libérateurs sans retenue. La haine a disparu des visages. L'ennemi a disparu et la fête, la vraie, a enfin lieu. La musique joue des airs militaires oubliés depuis cinq ans. « *En passant par la Lorraine avec mes sabots…* »

Rue du Pâquier, la foule se presse sur quatre rangs. Derrière les fanions bleus, blancs, rouges, les F.F.I. s'avancent sous les vivats de la foule. Des fleurs sont lancées. La chaleur et le soleil d'août rehaussent la fête. Les femmes ont mis leurs robes de couleurs.

Derrière la musique municipale arrive le corps franc départemental, en short. Tous savourent l'instant. Sur une voiture allemande décapotée flotte un étendard français. Sur le marchepied, une infirmière en uniforme blanc de la Croix-Rouge. Sur la banquette arrière, des chefs A.S., tout sourires. Jean-Marie Saulnier arrive bientôt au volant d'une 201 Peugeot chargée comme une bourrique. Il est de la fête, mais ne peut s'empêcher de penser à celle qu'il aime, à sa Flora, partie par une froide journée de décembre (Flora reviendra heureusement de Ravensbrück). Des jeunes filles, agents de liaison, virtuoses de la petite reine, auxiliaires indispensables et résistantes à part entière, défilent derrière Poupée Fournier.

La place Verdun est noire de monde. De mémoire d'Annécien, on n'a jamais vu cela. Les grappes humaines s'accrochent aux façades des immeubles. La terrasse du *Vizir* est bondée, tout comme celle du théâtre municipal. Le service d'ordre, bon enfant, est débordé. Les gens sont grimpés dans les platanes de l'avenue d'Albigny. Les lampadaires disparaissent, submergés par la vague. Aux fenêtres de l'hôtel de Verdun, la population pressée crie et chante. Partout des drapeaux tricolores.

L'enthousiasme est indescriptible. Foule et F.F.I. communient dans un même rêve.

Les chefs politiques et militaires de toutes tendances s'inclinent devant le monument de bronze. Le commandant Nizier, béret en tête, veste et culotte de cheval militaires, botté, salue la mémoire des morts, entouré du président Ostier, du capitaine Grand et des officiers alliés parachutés. Les jeunes Alsaciennes sont follement acclamées. Quel symbole !

Des journalistes américains et suisses, venus en voiture de Genève, sont très applaudis. Une femme qui distribue du chocolat est assaillie, et pas seulement par les enfants !

Des discours sont prononcés. Mais lorsque la sonnerie aux morts retentit, un lourd silence de respect, d'émotion et de recueillement, tombe sur la place. Après cet impressionnant silence, des gerbes de fleurs sont déposées au pied du monument par divers groupes de la Résistance, à la mémoire des disparus.

Puis dans un tonnerre d'applaudissements, l'Harmonie attaque *La Marseillaise*, aussitôt reprise par les milliers de poitrines. La nuit a été longue, mais quel moment de triomphe et de lumière pour la Haute-Savoie !

Dans certains quartiers, sur le Pâquier, la cérémonie terminée, comme on ne veut pas se quitter pour retrouver la dure réalité du moment, on improvise des bals populaires.

Mais il faut bien l'avouer. Un jour Victor Hugo a écrit :
Ce serait une erreur de croire que ces choses
Finiront par des chants et des apothéoses…
Pourvu qu'il ait tort ce jour-là. Mais nous savons déjà que rien n'est fini.

### Billet d'ambiance

*« J'ai rencontré, l'autre jour, rue du Pâquier, un client qui m'en a bouché un coin. Il s'appelle… Attendez… Bon sang, j'ai son nom sur la langue… Non, ce n'est pas ça… Vous voyez bien, c'est un gros, qui a un œil amoché… Ah ! nom d'un chien, si son nom me revenait. Enfin, bref !*

*« Eh bien ! ce gars-là, je l'ai vu aux Jeunesses patriotes – qu'ils disaient. Je l'ai vu à la Solidarité française, je l'ai vu au P.P.F., je l'ai vu à la Légion, je l'ai vu aux S.O.L. Je l'ai vu… Non je ne peux pas dire que je l'ai vu à la Milice. Il ne faut pas dire ce qui n'est pas, mais c'était bien juste.*

*« En tout cas, ce qu'il y a de certain, c'est que je l'ai vu en uniforme F.F.I. Ah ! mon vieux, tel que ! Et ficelé comme un saucisson Mirelle, sanglé, bichonné, avec un baudrier, aiguillettes et tout et tout, pétant le feu par toutes les ouvertures… pardon !*

*« Ce qu'il y a de comique, c'est que chaque fois qu'il changeait d'uniforme, ce gars-là changeait de doctrine. Mais ça n'avait pas d'importance. Il faut reconnaître que la tenue la moins martiale était celle de légionnaire. On avait*

beau, le menton levé, fixer à quinze pas le col cassé du chef Dupraz ou la queue-de-pie du chef Vergain – bien croquignolet, le chef Vergain, avec sa queue-de-pie, vous ne trouvez pas ? –, on n'en était pas moins des civils.

« *Mais un chouette uniforme, avec chemise bleue, brassard brodé d'or et tout, ça vous jette un jus. À plus forte raison, la tenue des libérateurs !*

« *Et quand ceux-ci seront démobilisés et que la guerre sera finie, qu'est-ce qu'il fera ? Facteur ? Gardien de musée ? Suisse à l'église Saint-Maurice ?*

« *À moins qu'il n'aille tout simplement s'enrôler dans la modeste, mais utile, phalange du commandant Pétrus Bachet. Because le casque...* »

Lu, dans *Le Renouveau* du 29 septembre 1944, sous le titre : « L'habit ne fait pas le moine ».

### L'épuration est nécessaire

Tandis que les maquisards de Haute-Savoie continuent en Savoie, et notamment dans la vallée de l'Isère du côté du pont Royal et à Aix-les-Bains, les combats pour la libération, les autorités mettent tout en œuvre pour reconstruire, mais l'épuration reste un souci majeur.

L'ennemi est à peine enfermé et l'on ne parle que d'épuration. Le renouveau de la France passe par une épuration dure et juste, pense-t-on.

Un panneau rédigé à la main par Rubi, et planté en ville, questionne les passants :

« *Pourrait-on nous dire pourquoi :*

« *Le nommé D..., chef de la Légion, collaborateur et trafiquant, qui a sali la République par ses vomissures, est en liberté ?*

« *Son fils est affublé d'un costume de chasseur avec ceinturon et revolver, affecté au bureau de la place, graine à conserver pour de futures Révolutions nationales.*

« *Le colonel M..., dont un des fils est un milicien assassin et l'autre chef de la police à Tarbes, est en liberté ?*

« *Le fasciste B..., qui festoyait à Bonlieu lors de l'entrée en guerre de l'Italie et crachait sur le drapeau français, est chef du parc automobile au garage Lettraz ?*

« *Le dentiste M..., boche cent pour cent, dénonciateur, est en liberté ?*

« *Le recruteur D..., pour les Waffen S.S., se cache chez lui ?*

« *Le maire C..., qui envoyait ses employés dans les camps de concentration, est en liberté et combien d'autres, les S..., D..., L..., etc.* »

Les 96 miliciens pris aux Marquisats sont retenus prisonniers au Grand-Bornand. Alger, qui a créé les cours martiales de la République, fait également savoir que les miliciens prisonniers doivent être passés par les armes.

En Haute-Savoie, le président du C.D.L. et le chef des F.F.I. pensent qu'il faut mettre en place une cour martiale pour les juger.

*« Lundi matin, 21 août, le commandant Nizier, vu l'état d'exception dans lequel se trouve notre département et la nécessité de rendre une justice prompte et d'éviter tout débordement, ordonne ce qui suit :*

*« Art. 1. Il est institué, à titre temporaire, une Cour martiale départementale, composée de trois membres nommés par nous.*

*« Art. 2. Le commissaire du gouvernement près de la Cour martiale et le greffier sont également nommés par nous.*

*« Art. 3. La Cour martiale connaît, même rétrospectivement, des crimes commis contre la sûreté intérieure et extérieure de l'État, réprimés par les articles 75 et suivants du Code pénal.*

*« Art. 4. Aucune formalité n'est prescrite à peine de nullité. Les détails de la procédure sont réglés par la Cour martiale.*

*« Art. 5. Les audiences sont publiques. Le huis clos peut être prononcé.*

*« Art. 6. La sentence prononcée n'est susceptible d'aucun recours. »*

Cette cour martiale s'installera dans les locaux du tribunal, dans la mairie d'Annecy. Elle aura pour mission de juger les miliciens, les collaborateurs et les traîtres. La tâche sera immense, ardue et délicate.

Quant au greffier Jean Comet, il doit assurer la « formation juridique » des cinq juges, en un temps record.

Mercredi matin, à 8 heures, il rencontre le commissaire Massendès dans la salle des fêtes, qui servira de prétoire. Le greffier lui soumet une échelle des fautes qu'il a établie :

1. Avoir adhéré volontairement à la Milice et en avoir porté l'uniforme.

2. Avoir participé à des opérations contre les maquisards sans avoir porté les armes.

3. Avoir porté les armes contre les résistants.

4. Avoir procédé sur eux à des exactions ou des tortures.

5. Avoir accepté des fonctions importantes dans l'organisation de la Milice.

6. Avoir volontairement entretenu des rapports avec les armées d'occupation et notamment la Gestapo.

La cour martiale se déplace au Grand-Bornand pour juger les miliciens le 21 août. Entre-temps un chef de sizaine est venu se constituer prisonnier. Ils sont donc quatre-vingt-dix-sept à être entendus par les inspecteurs de police, puis à passer devant le tribunal, qui entend chacun d'eux.

À trois heures du matin le 24 août, la cour ayant siégé sans désemparer, la parole est donnée aux avocats. Maîtres Deschamps, Bouchet et Lacombe plaident sur la responsabilité de leurs clients, ainsi que sur la peine applicable. Leurs plaidoiries durent une heure et demie environ, après quoi la cour délibère. La durée de la délibération n'excède pas trente à trente-cinq minutes, et, à cinq heures du matin, tous les francs-gardes de la Milice française étant rassemblés dans la salle de cinéma-prétoire, on lit le verdict, par ordre alphabétique.

Le jugement précise, à propos de 76 prévenus, « *qu'en effet, il est établi qu'ils ont participé à des opérations armées de répression dirigées contre les patriotes, que certains d'entre eux ont accepté des grades dans la Milice française et ainsi participé, comme complices pour fourniture d'instructions, à ces dites opérations, qu'enfin certains d'entre eux ont reconnu avoir eu des relations suivies avec les autorités allemandes et notamment avec la Kommandantur d'Annecy.*

« *Que ces faits constituent bien le crime d'avoir porté les armes contre la France prévu par l'article 75 alinéa 1$^{er}$ du Code pénal, et le crime d'avoir entretenu des intelligences avec l'ennemi, en temps de guerre, prévu par l'article 75, alinéa 5, du Code pénal,*

« *Attendu qu'il n'y a dans la cause aucune excuse, ni aucune circonstance atténuante,*

« *Que les circonstances militaires actuelles exigent que les crimes ci-dessus analysés, soient réprimés avec une extrême énergie…*

« *Attendu qu'il y a lieu de rejeter toutes les conclusions présentées par la défense et qui ne sont pas fondées, étant donné les circonstances exceptionnelles de l'heure présente,*

« *PAR CES MOTIFS,*

« *La Cour martiale,*

« *après en avoir délibéré, donne acte à la défense du donner acte demandé et déclare coupables du crime de trahison : [suit la liste des 76 condamnés],*

« *crime prévu et réprimé par l'article soixante-quinze du code pénal.*

« *En conséquence, les condamne à la peine de mort, les condamne en outre solidairement aux dépens de l'instance, dit que la peine sera exécutée par fusillade dans les vingt-quatre heures.* »

En ce qui concerne 21 autres prévenus, ils sont relaxés au bénéfice du doute et renvoyés sans peine ni dépens.

Le colonel de gendarmerie Lelong, intendant de police en Haute-Savoie du 31 janvier 1944 au 5 mai (au fond avec un chapeau mou noir), a été condamné à mort par le tribunal militaire siégeant en cour martiale à Annecy le jeudi 2 novembre 1944. Son avocat, maître Francillon, a fait appel. Le 16 novembre à l'aube, des maquisards, par peur d'une éventuelle grâce de la part du général de Gaulle car le fils du colonel était dans la France Libre, le sortent de la prison départementale, alors rue Guillaume-Fichet à Annecy, en compagnie du préfet Charles Marion, en imperméable, afin de les exécuter dans la petite carrière de la Puya sur la route de Sevrier. L'appareil photographique utilisé a été prêté aux maquisards par le photographe Odesser. (Coll. Odesser.)

Les 76 condamnés à mort sont fusillés dans la matinée au lieu dit « la Peserettaz ». Les familles sont informées d'avoir à venir chercher les corps de leurs parents, mais soixante ans après, pour de nombreuses raisons, il subsiste encore un cimetière de miliciens sur la commune du Grand-Bornand. Pour la vérité historique et le respect de tous, puisqu'il semble que cette nécropole doive persister, il serait honnête, historique et honorable d'y ériger un panneau explicatif à destination de tous et des milliers de fondeurs qui empruntent la piste de ski de fond voisine.

La cour martiale tient encore séance le jeudi 7 septembre à Annemasse. Elle condamne à mort 18 personnes qui, immédiatement fusillées, sont inhumées dans le cimetière de la ville.

Le 5 octobre 1944, à 8 h 30, ladite cour martiale, présidée par le commandant F.T.P. Augagneur, dit Grand, tient séance au palais de justice d'Annecy installé dans les locaux de la mairie actuelle. À 11 heures, les verdicts sont rendus :

Un membre du P.P.F., photographe reporter à la L.V.F., membre du service de renseignements allemand, un milicien, un clerc de notaire membre de l'U.P.J.F. collaborateur qui a travaillé pour la Gestapo, un individu qui travaillait avec les Allemands, un Français Waffen S.S. devenu ensuite espion pour la Gestapo, un maréchal-ferrant qui a dénoncé des patriotes fusillés par la Milice et un ancien sous-officier de chasseurs qui a dénoncé des résistants, sont condamnés à mort. Ces sept condamnés sont exécutés au lieu dit « Pré Dalle » à Vieugy par un peloton de F.F.I. commandé par Lucien Mégevand, dit Pan-Pan, dont le beau-frère Henri Pugin a été exécuté le 10 août précédent au même endroit. Les corps mis en bière sont récupérés par les familles.

Cette cour continue à fonctionner avant d'être transformée en 1945 en cour civique de justice, d'être transférée à Chambéry puis de cesser ses fonctions en 1947.

Le 2 novembre 1944, le tribunal militaire de Lyon érigé en cour martiale à Annecy condamne à mort le colonel Georges Lelong, qui a tenu la Haute-Savoie sous l'état de siège et la loi martiale du 31 janvier 1944 au mois de mai.

Tandis que son avocat fait appel auprès du général de Gaulle, des F.F.I. le sortent de prison avec l'ex-préfet Marion et les exécutent dans la carrière de la Puya, près d'Annecy.

### Des Allemands fusillés à Vieugy

Les quelques lignes qui suivent n'ont pour but que d'éclairer l'Histoire.

Après la Libération bien réelle le samedi 19 août 1944 avec la reddition allemande, quarante prisonniers de guerre allemands sont fusillés à Vieugy. Pendant longtemps les populations ont parlé de représailles. Il n'en est rien. L'Histoire, comme toujours, est beaucoup plus compliquée que cela. Le dimanche 20 août, les dirigeants régionaux de la Résistance (Région n° 1 (R 1) à Lyon) s'inquiètent du sort des 1 300 résistants environ détenus dans les geôles allemandes de Lyon, le commissaire de la

Après la libération de la ville d'Annecy, les interrogatoires de certains détenus – et notamment des hommes du 19ᵉ *Schutzpolizei* du capitaine Krist –, on découvrit deux charniers dans la ville : le premier (cette photographie, de Odesser) dans la cour du quartier des chasseurs alpins, renfermant les corps des gars du corps franc Simon fusillés après l'embuscade de Saint-Martin-Bellevue et le corps du préfet Jacques Lespès, fusillé par les Allemands avec la signature du préfet Marion ; le second dans la cour de l'école-prison Saint-François, renfermant sept corps de jeunes patriotes. (Cliché Odesser.)

République Yves Farge ayant appris que la Gestapo allait faire fusiller ces prisonniers. Avec le délégué du gouvernement français Jacques Maillet, le colonel délégué par l'état-major pour la zone sud des opérations, Bourgès-Maunoury, et son ami Marc Laurent, Yves Farge va tout faire pour empêcher ce crime. Lundi 21 août, ils écrivent au préfet de région Boutémy, au président de la Croix-Rouge et au consul de Suède aux fins de transmission aux autorités allemandes et notamment au chef gestapiste Knab. Ayant appris que plus de 80 prisonniers de Fort-Montluc avaient été fusillés et leurs corps brûlés à Saint-Genis-Laval, Yves Farge, en accord avec Bourgès-Maunoury et Jacques Maillet, fait parvenir à Georges Guidollet (dit Ostier), président du Comité départemental de Libération de Haute-Savoie, faisant fonction de préfet, et à Joseph Lambroschini (dit Nizier), chef des F.F.I., l'ordre de passer par les armes 84 prisonniers allemands.

Une affiche est placardée sur les murs pour informer la population de Haute-Savoie. Après des choix difficiles et parfois douloureux – on avait décidé de prendre en premier lieu les S.S., les *Schutzpolizei*, puis les soldats, mais cela ne fut guère aisé –, quarante Allemands sont fusillés à Vieugy (Pré Dalle) le samedi 26 août, tandis que quarante-quatre autres sont fusillés le 2 septembre à Habère-Lullin.

À Vieugy, Simone se souvient : « Je me rappelle d'un camion à ridelles chargé d'Allemands debout dans la benne. Près de la cabine, un Allemand, chauve ou rasé, priait avec une très grande ferveur. [Il s'agit probablement d'un des deux pasteurs allemands montés avec les prisonniers.] Les prisonniers sont descendus vers le Pré Dalle, où ils ont été tués. » Des F.F.I. aux ordres du commandant Barnet de Ricoux les passent par les armes par « fournées » de dix. Il bruine, ce qui n'empêche pas les villageois de se rassembler ; Fernand Garcin est là. Les prisonniers sont descendus des camions par groupes de dix. Ils donnent leurs effets personnels aux pasteurs. Certains préfèrent écraser leur montre à coups de talon. Tout à coup un soldat tente de fuir vers la montagne du Semnoz. Il est finalement blessé à l'épaule par le tir des maquisards et ramené au

---

Pause après les combats de la libération d'Annecy, le temps d'une photographie pour la famille, les copains, soi-même et la postérité. Derrière cet impressionnant groupe se dresse le monument à Eugène Sue, à l'entrée de la rue du Parmelan. On reconnaît à l'extrême gauche, la main sur le ceinturon, le chef charismatique espagnol Miguel Vera. Au premier rang, debout et au centre, portant la cravate, Louis Morel, alias Forestier, chef de la compagnie de Thorens. Au même niveau sur la droite, la « tarte » tombant sur le côté gauche, esquissant un sourire, Louis Jourdan, alias Joubert, chef du secteur de Thônes. (Coll. M. Germain.)

Pré Dalle pour être fusillé. Dimanche d'autres prisonniers creusent une immense fosse commune. Lundi matin, les soldats, dont la plupart n'ont plus de chaussures, sont inhumés à même la terre en quinconce. Les corps seront relevés au début des années cinquante.

Le journal *Libération* du 4 septembre explique les tenants et les aboutissants de ces fusillades aux populations. Il faut préciser qu'à la suite de ces pressions sur les Allemands, tous les prisonniers de Montluc seront libérés sains et saufs, la ville de Lyon étant libérée le 6 septembre 1944 par l'avancée des troupes alliées. Et ce sont plus de 1 200 détenus qui sont ainsi sauvés.

**La Haute-Savoie honore ses morts**

Dans les jours qui suivent la Libération, on découvre des charniers qui montrent la violence de ces années de guerre, dont le bilan très précis reste à faire.

La surprise est grande lors de la découverte du charnier de la caserne de Galbert, ou de celui de Saint-François.

Dans la cour du quartier, au pied de ce qu'il faut bien appeler « le Mur des fusillés », aujourd'hui conservé, on relève les corps d'Alfred

Le 23 septembre 1944 se déroule une prise d'armes sur le champ de Mars à Annecy. Des troupes F.F.I. sont de retour des combats de la vallée de l'Isère. Le colonel Jean Vallette d'Osia, qui, après son évasion en septembre 1943, avait rejoint Alger, a reçu le commandement d'unités alpines, après la Libération il passe en revue les soldats en compagnie du commandant Yves Godard, dit Jean, qui arbore encore l'insigne de la France Combattante, la croix de Lorraine rouge dans un triangle bleu. Derrière eux, le chef des F.F.I. de Haute-Savoie, Joseph Lambroschini, alias Nizier. (A.D.H.S.)

Ackermann, René Carrier, Jules Cherpitel, Jean Débert, Jean Gérard, Georges Ledoux, Paul Munsch, Raymond Pétrino, Maurice Rabut, Raymond Vellut et Raymond Verdel.

Dans la cour de l'école Saint-François gisent Pierre Benest, Chantebeau, Dayne, René Hermel, Maurice Heinlaus, François Lagadec et un corps non identifié.

Plusieurs manifestations ont lieu pour honorer les morts.

M. André Philippe, secrétaire d'État dans le gouvernement provisoire du général de Gaulle, est à Annecy le 8 septembre. Le théâtre municipal est bondé pour l'écouter. Il décrit la situation et insiste sur la nécessité de suivre de Gaulle, le programme de la future IV$^e$ République. Il parle du droit de vote donné aux femmes dès les prochaines élections municipales, que l'on envisage pour le printemps.

Mais la foule vibre lorsqu'il clame : « Annecy est inscrit, ainsi que toute la Haute-Savoie, en lettres de gloire dans l'histoire de toute la France ! »

Le 23 septembre, une prise d'armes se déroule sur le champ de Mars. Cette cérémonie consacre la renaissance de l'armée française. Les jeunes F.F.I., en tenue et en ordre impeccables, défilent avenue d'Albigny avant de se masser sur le Pâquier, où ils présentent les armes aux colonels Vallette d'Osia et Nizier et au commandant Godard, qui les passent en revue. Sur fond de lac et montagnes, le drapeau du 1er bataillon F.F.I., baptisé bataillon des Glières, dont la marraine est M<sup>lle</sup> Toussaint, flotte au vent d'automne.

La première section de la compagnie Joubert est présentée à M<sup>me</sup> Tom Morel. Les rudes gaillards ne peuvent retenir une larme lorsqu'ils serrent les mains des enfants de Tom. Après la cérémonie, un bataillon d'Alsaciens défile joyeusement pour se rendre à la gare, où ils embarquent pour rejoindre l'armée d'Afrique, avec mission de libérer l'Alsace et la Lorraine.

Dimanche 15 octobre, la foule se masse devant le bâtiment de l'école Saint-François, à Annecy. La façade de ce haut lieu du martyre savoyard est drapée de tricolore. Le préfet Irénée Revillard fait un pathétique discours, entouré d'élus, dont Édouard Peccoud. M<sup>gr</sup> Pernoud, représentant l'évêque, célèbre une messe en mémoire de tous les martyrs de la Gestapo et des S.S.

Une affiche orange est placardée sur tous les murs de la ville de Thônes. Le maire informe ses administrés qu'une grande cérémonie aura lieu au cimetière de Morette, le 18 octobre.

Ce mercredi-là, bien qu'il fasse frais, la foule se presse aux abords du champ où sont déjà plantées de nombreuses croix de bois. Aujourd'hui, ce sont d'autres maquisards qui rejoignent leurs camarades dans ce cimetière : on inhume aux côtés de Tom Morel, Maurice Anjot, Lambert Dancet, Louis Vitipon, Manuel Corps, Florian Andujar, un inconnu et six autres maquisards.

Dans tout le département, la Toussaint est prétexte à rendre hommage aux disparus et à la prière pour ceux dont on espère toujours qu'ils vont revenir. Jamais les églises n'ont été aussi pleines que par ce brumeux mercredi de novembre.

À Annecy, arrosée d'une pluie fine et glaciale, la foule des anonymes se recueille devant le monument aux morts. Le général Doyen, grimpé sur une estrade barrée d'une croix de Lorraine, lance un vibrant appel à l'unité :

Le 15 octobre 1944, après que les Annéciens eurent découvert le charnier à Saint-François, il fut décidé d'une cérémonie de réparation et du souvenir de Pierre Benest, Chantebeau, Dayne, René Hermel, Maurice Heinlaus, François Lagadec et d'un inconnu. Sur le balcon de l'école Saint-François, on reconnaît à gauche Édouard Peccoud, alias Quino, ancien chef de secteur A.S. de Rumilly et qui réussit la capture des miliciens des Marquisats. Au centre du cliché, le préfet Irénée Revillard. Par la suite une plaque fut apposée sur le bâtiment, disant laconiquement : « Ici sous l'occupation allemande, octobre 1943-août 1944, des Patriotes ont été torturés et assassinés par les brutes hitlériennes. » On s'apprête en 2004 à poser une plaque explicative nécessaire aux jeunes générations et à tous ceux qui veulent garder la mémoire. (A.D.H.S.)

« Savoyards, mes compatriotes, il faut, une bonne fois pour toutes, rompre avec les errements du passé, qui ont failli nous conduire à notre perte. Ce passé est mort. Il ne faut pas tenter de le ressusciter... Devant le souvenir de nos morts, tombés fraternellement unis, quelles que soient leurs opinions et leurs croyances, faisons le serment de nous unir étroitement, comme ils l'ont fait, pour résoudre les difficultés de l'heure présente... »

Ce discours n'est pas un discours de circonstance. On sent de plus en plus des fractures s'élargir dans la population. Plus le danger s'éloigne et plus les querelles intestines, propres à notre peuple de France, reprennent le dessus.

*La Marseillaise* retentit. Les troupes défilent sous la pluie qui redouble, et la foule quitte la place à regret.

Journée des martyrs du 1er novembre 1944. Sous une pluie persistante et froide, un cortège parti de la préfecture descend l'avenue d'Albigny pour venir au monument aux combattants place du Théâtre. En tête du cortège, de gauche à droite, le général Doyen, Irénée Revillard, préfet de la Haute-Savoie, et Augagneur, alias Grand, de la Résistance. (Coll. M. Germain.)

Ce même jour, l'Association des rescapés des Glières organise, au cimetière de Morette, une cérémonie pour honorer ses morts. Le 11 novembre connaît les mêmes cérémonies du souvenir que celles des jours précédents. Et aux morts de la Grande Guerre on associe ceux de celle qui n'a que trop duré.

# Épilogue

Au printemps 1945, les élections municipales portent au pouvoir celles et ceux issus de la Résistance. C'est le retour de la Démocratie, de la République et de sa devise : *Liberté, Égalité, Fraternité*.

Cela n'atténue pas la tristesse qui envahit les populations avec le retour des prisonniers de guerre mais surtout des déportés. Et il y a bien peu de rescapés.

Quelques chiffres *in memoriam*…

1 233 personnes, dont 379 Juifs, arrêtées en Haute-Savoie ont été déportées. 99 % des déportés raciaux sont décédés, tandis que 53 % des déportés politiques sont décédés dans les camps de la mort. Les différents bombardements ont tué 53 personnes. La cour martiale de Vichy a fait fusiller 30 patriotes, et les Allemands ont fusillé 40 autres patriotes à Vieugy, auxquels ils faut ajouter les 149 morts des Glières, la trentaine de morts de Foges, Féternes et tout le Chablais, ainsi que les 71 personnes qui ont trouvé la mort lors des combats pour la Libération. N'oublions pas les soldats de Haute-Savoie morts au combat en 1939-1940 et lors des combats de 1945 dans les Alpes ou en Allemagne.

On peut sans crainte dire que la seconde guerre mondiale a fait, peu ou prou, 1 300 victimes en Haute-Savoie. Ce bilan n'a rien d'exhaustif, et, un jour, je prendrai le temps de le faire de façon plus précise. Mais il y faut encore beaucoup de travail.

La Haute-Savoie est donc le premier département libéré par lui-même, par les seules forces de ses maquisards. Après la mission accomplie, ils ont pour certains continué le combat en Savoie, dans l'Isère, pour la libération de Lyon, et ils furent un très grand nombre à poursuivre dans la Ire armée jusqu'en Autriche et en Allemagne.

Ces maquisards ont participé au redressement de la France. Et si la France est présente à Berlin le 8 mai 1945, au grand dam de Keitel, elle le doit en partie aux Forces Françaises de l'Intérieur. Les Haut-Savoyards ont leur part. D'ailleurs le général de Gaulle ne s'y est pas trompé.

Achevons cette évocation de la libération d'Annecy par la visite qu'il fait en Haute-Savoie.

### Le général de Gaulle, chef de la France Libre, en Haute-Savoie

Samedi 4 novembre. Annecy est en liesse : « l'homme du 18 juin », le général de Londres, puis d'Alger, le président du Conseil, Charles de Gaulle, lui rend visite. Malgré le temps pluvieux et gris, on se presse pour voir celui qui incarne la Libération, la résurrection de la France et qu'on n'a jamais vu. Tout un mythe !

Les 4 et 5 novembre 1944, le chef du gouvernement, « l'homme du 18 juin » est en visite officielle en Haute-Savoie. On le voit ici pour une revue des troupes sur le champ de Mars. Il lui fut présenté Louis Jourdan, alias Joubert, officier rescapé des Glières. « C'est grâce à Glières si j'ai pu obtenir des parachutages pour la Résistance », lui confie le général. (A.D.H.S.)

Le 4 novembre 1944, le général de Gaulle vient en Haute-Savoie. Il débarque à la gare d'Annecy, et par la rue de la Poste puis la rue Royale il se rend à la préfecture. On le voit ici tout d'abord au carrefour de la rue de la Poste et de la rue Sommeiller. (A.D.H.S.)

Sur cette seconde photographie prise un peu plus loin dans la rue de la Poste, on « lit » mieux le cortège. Ceint de l'écharpe tricolore, le maire d'Annecy Albert Lyard, à sa droite le ministre de la Guerre Diethelm. À droite du général, le ministre garde des Sceaux François de Menthon, et à l'extrême droite le préfet Irénée Revillard. Au deuxième rang, on reconnaît également le général Juin, chef d'état-major des armées, ainsi que le général Doyen. Les rues de la ville ont été pavoisées aux couleurs nationales. (A.D.H.S.)

Les voitures stoppent devant la gare. Le général de Gaulle, en uniforme strict, en descend. Il est accueilli par une foule enthousiaste, qui se presse sur cinq ou six rangs sur les trottoirs. Le service d'ordre, fait de gendarmes et de soldats, a bien du mal.

Le préfet Revillard, accompagné de membres du C.D.L., du maire Albert Lyard et de son conseil municipal, accueille le général et les personnalités qui l'accompagnent : François de Menthon, garde des Sceaux, M. Diethelm, ministre de la Guerre, et le général Alphonse Juin, chef d'état-major. Parmi les personnalités locales, on reconnaît, entre autres, les généraux Doyen et Dosse, ainsi que de nombreux résistants savoyards. Des jeunes filles, en costumes savoyards et alsaciens, apportent des fleurs aux visiteurs.

Devant l'hôtel des Alpes, une banderole surmontée d'une croix de Lorraine barre la rue de la Poste. Les temps sont durs et la décoration des rues est limitée. Le cortège descend, à pied, la rue de la Poste, puis la rue Royale, avant de déboucher sur l'esplanade du Pâquier.

Le soleil s'est décidé à sortir, après la pluie de ces derniers jours. Sur le champ de Mars, le général de Gaulle passe les troupes en revue, saluant les drapeaux, les officiers et sous-officiers. Le bataillon des Glières présente les armes, ainsi que le bataillon du 19 août, et une compagnie de Polonais et d'Espagnols.

On fait sortir des rangs le capitaine F.F.I. Louis Jourdan, ex-Joubert, pour le présenter au général, comme seul officier du 27e B.C.A. rescapé des Glières.

Après le défilé, derrière la fanfare militaire qui joue la *Marche des chasseurs*, les officiels pénètrent dans les salons de la préfecture. Le chef du gouvernement, suivi du général Alphonse Juin, des ministres François de Menthon et Diethelm, salue les autorités civiles, militaires et religieuses du département. À chacun, le général adresse une petite phrase, du style : « Obéissez aux lois de la République, organisation de la Liberté, union partout », ou encore : « Nous avons un long chemin à parcourir. Nous avons encore des mois de sacrifices devant nous… »

Après quoi, le général reçoit les officiers présents pour une petite conférence militaire impromptue.

Vers 19 heures, c'est le départ pour l'hôtel de ville. Il fait nuit, mais il y a foule sur le parcours, et Albert Lyard accueille son hôte, dans le grand salon, par ces mots :

« Nous saluons en vous celui qui, depuis quatre ans, symbolise la confiance inébranlable dans la victoire finale et dans les destinées de notre

Patrie. » Puis, le maire retrace le dur calvaire de l'occupation et la glorieuse épopée du printemps, qui mena à la victoire d'août.

Le général de Gaulle, après quelques phrases de remerciements à la Municipalité, apparaît au balcon, drapé de tricolore. En bas, sur la place, l'accueil est délirant. Ils sont plusieurs dizaines de milliers à hurler leur joie et leur reconnaissance. La foule applaudit, scande le nom de De Gaulle, ce qui permet à quelques mauvaises langues de dire que l'accueil pour Pétain, en septembre 1941, ne fut pas moins enthousiaste et que c'étaient les mêmes qui applaudissaient !

Mais la roue tourne et la voix grave du général retentit :

« Combien je suis ému de l'accueil magnifique, que me fait la population d'Annecy. » À chaque phrase, c'est un tonnerre d'applaudissements, et ce d'autant plus que le général sait prononcer les phrases que la foule attend. « Annecy, cette bonne ville savoyarde et française, n'a jamais renoncé à la victoire. Jamais Annecy n'a renoncé à la France ! La tâche à accomplir, tout d'abord, est de vaincre. Il faut dicter, une fois pour toutes, la loi et la liberté. Il faut, à tout prix, l'union fraternelle de tous les Français. » Puis, il résume son programme gouvernemental par ces mots : « Victoire, Union, Rénovation ». Les milliers de personnes entassées depuis le quai Eustache-Chappuis jusqu'au pont de la Halle ovationnent le président du Conseil, qui termine par ces mots :

« À Annecy comme ailleurs, tous les Français l'ont compris, et voilà pourquoi, regardant droit et clair devant nous, nous avons, aujourd'hui, une entière confiance dans les hautes destinées de la France. Vive Annecy ! Vive la République ! Et vive la France ! »

La grande silhouette disparaît du balcon, sous les acclamations des Annéciens en délire.

Après le dîner, de Gaulle passe la nuit à la préfecture, et dimanche matin, à neuf heures, il quitte la ville pour se rendre à Morette. Il fait de nouveau gris.

Dans le petit cimetière, un détachement rend les honneurs. Il fait froid et le général a revêtu sa capote militaire. En compagnie de François de Menthon, M. Diethelm et Louis Haase, il circule entre les tombes, képi à la main, se fait donner des explications. Puis il honore la mémoire des deux chefs successifs du Plateau, le lieutenant Tom Morel et le capitaine Maurice Anjot, qu'il décore, à titre posthume, en la personne de leurs veuves, sous les yeux du capitaine Jourdan, au garde-à-vous.

Ensuite le général de Gaulle se rend à Thônes. Le maire, Louis Haase, l'accueille :

Le 5 novembre 1944, après Annecy, le général de Gaulle a tenu à venir se recueillir au cimetière de Morette. Il fait froid et humide lorsque « l'homme du 18 juin », le chef de la France Libre, parcourt les allées entre les tombes, demandant des explications à ses accompagnateurs On le voit ici, en compagnie de François de Menthon, se recueillir devant les tombes de Tom Morel et Maurice Anjot, les deux chefs du Plateau. (A.D.H.S.)

Après quoi, le général de Gaulle décore à titre posthume les deux chefs en la personne de leurs veuves. Le lieutenant Théodose Morel, dit Tom, reçoit la croix de la Libération, et Maurice Anjot est fait chevalier de la Légion d'honneur. Au garde-à-vous, à l'arrière, l'officier Louis Jourdan. (A.D.H.S.)

Après Morette, le général de Gaulle s'est rendu à Thônes. On le voit ici écoutant religieusement le discours du maire Louis Haase. Le premier magistrat de la ville s'est fermement opposé à l'officier allemand qui en mars 1944 lui imposait d'« encrotter » les fusillés de Morette. Il a obtenu que les jeunes maquisards soient enterrés dans des cercueils et regroupés au même endroit, donnant ainsi naissance à la future nécropole nationale de Morette où reposent aujourd'hui 105 patriotes « morts pour la France ». Derrière eux, le garde des Sceaux François de Menthon. (A.D.H.S.)

Devant la mairie de Thônes, le général de Gaulle salue les drapeaux. De gauche à droite, sur fond de pompiers thônains, le garde des Sceaux François de Menthon, le maire Louis Haase, le général de Gaulle, le ministre de la Guerre Diethelm, le préfet Irénée Revillard. À cette date de novembre, les deux artisans de la Libération que furent Ostier et Nizier avaient, semble-t-il, déjà quitté le département. (A.D.H.S.)

« C'est au sacrifice des héros des Glières que la ville de Thônes doit aujourd'hui le singulier privilège de votre visite… »

Depuis le perron de la mairie, le général s'adresse aux Thônains, massés autour du monument, devant l'église.

« Qui ne serait profondément remué quand il se trouve dans ces lieux ? Les exploits qui s'y sont déroulés ont marqué de la manière la plus magnifique quels ont été, en réalité, les sentiments du pays tout entier, sous l'oppression, qu'il a détestée.

« Aux morts du Plateau illustre, c'est, par la voix du président du gouvernement de la République, la France tout entière qui rend hommage aujourd'hui. Leur exemple durera. Il demeurera, je vous l'assure, comme un témoignage splendide, jeté à travers le monde, de la résolution de la France, dans la plus terrible guerre de son Histoire.

« Vive Glières ! Vive nos armées ! Vive la France ! »

De Gaulle ne pouvait rendre un hommage plus sincère et plus émouvant aux Haut-Savoyards, forgés dans l'austérité et la dureté de la vie montagnarde.

Dans l'après-midi, le général quitte la vallée du martyre pour Albertville, en Savoie. Lundi, il se rend à Chambéry, puis à Grenoble et Lyon. Mais c'est une visite que les Savoyards ne sont pas près d'oublier.

\* \*
\*

Un jour, les résistants de chez moi ont écrit :

*« Annecy a eu le triste privilège d'être le siège des Cours martiales de Vichy. Combien de nos Camarades ont été exécutés après un simulacre de jugement, sans possibilité de se défendre ? La collusion entre les différents services de répression était flagrante. La police de Vichy renseignait la Milice ; la S. A.C. et la Milice procédaient aux arrestations et aux "interrogatoires" ; les sanctions étaient exécutées soit par la Milice, soit par les G.M.R., soit par les Allemands, à qui les prisonniers étaient remis, puis exécutés ou déportés. Il va sans dire que la Gestapo était la plus expéditive et parachevait l'œuvre commencée par les autres polices répressives.*

*« Annecy, par les souffrances qui y furent subies, par les crimes qui y furent commis par les occupants ou leurs valets de Vichy, mais aussi par le courage et le patriotisme de la majorité de sa population, a bien mérité la Croix de Guerre qui lui fut décernée en 1945. »*

(Mémorial de la Résistance en Haute-Savoie, ANACR 1971.)

La Haute-Savoie, depuis soixante ans, s'est couverte de plaques et de stèles commémoratives. Chaque année on se souvient et pour associer tous nos morts, je pense à ce monolithe de granite pointé vers le ciel comme pour implorer les hommes de ne pas recommencer. Dressé sur la prairie de Vieugy aux portes d'Annecy, il porte aujourd'hui les noms des quarante patriotes fusillés ici. À sa base un quatrain de Jean Fréville, choisi par Julien Helfgott, qui fut condamné à mort par la cour martiale de Vichy mais qui eut la chance de ne point être exécuté :

> Et vous tombés aux mains de vos bourreaux stupides,
> Levés avant le jour, grands morts, morts clandestins,
> Sanglants, déchiquetés, inertes et livides,
> Nous allumons une aube à vos regards éteints.

Générations d'après guerre et jeunes d'aujourd'hui, nous qui avons la mémoire si fragile, ne laissons pas la poussière de l'oubli recouvrir les tombes de nos martyrs, sinon gageons que la Bête immonde resurgira du ventre fécond où elle somnole et qu'à nouveau le feu et le sang s'empareront de nous.

Et pour paraphraser le général de Gaulle, affirmons avec force, conviction et détermination : « La Flamme de notre mémoire ne doit pas s'éteindre et ne s'éteindra pas. »

Imprimé par Dumas-Titoulet Imprimeurs
Dépôt légal : juin 2004 – N° d'imprimeur : 40633

*Imprimé en France*